シン・日本共産党宣言

ヒラ党員が党首公選を求め立候補する理由

松竹伸幸

文春新書

1396

はじめに

「風が吹けば桶屋がもうかる」

一見、関係なく見える事柄であっても、よくよく考えてみると何らかの因果関係がある場合に使われる言葉である。風が吹く→砂が舞い上がる→砂が目に入って目が悪くなる→かつて視覚障害者の仕事だった三味線弾きが増えて三味線が売れる→三味線の製造に必要なネコの皮の需要が増えてネコが捕らえられる→結果として繁殖したネズミが桶をかじるので桶が売れる、という筋道が成り立っていると説明がなされる。ただし、実際にはあり得ないことを無理矢理こじつけている、という使われ方をされる場合もあるようだ。

この言葉をもじって、次のようなことが言えないだろうか。

「日本共産党が党首公選を実施すれば日本の政治がマシになる」

実は、日本の主要な政党のなかで、党員による党首選挙をしていないのは共産党と公明党のみである。公明党はいざしらず、共産党がこれを実現すれば、あとで述べるように、その影響は党内にとどまらないものになると思うのだ。

党首選挙で自分なりの安保・防衛政策を訴えたい

大学に入学した翌年、一九七四年の七月に日本共産党に入党した。一家四人が六畳間で暮らすような貧しい家庭で育ち、親に楽をさせてあげたいと、銀行か商社に入ることを基準に大学（一橋大学）を選んだ。ところが当時は、大学の生協に入るといちばん目に付くところに『資本論』が山積みされているような時代であり、自分だけでなくみんなが貧しさから解放される社会主義の理論を知った。また、そういう社会を実現するために献身している共産党員が身近におり、その誘いで入党したのである。結局、大企業に入社しないどころか、卒業後すぐに専従活動家の道を選んだ。その決意を親に伝えたところ、「お前が銀行に入る夢を本当に見たことがあるよ」と笑いつつ、反対するようなことはなかった。

それから半世紀近く、共産党員として真面目に生きてきて、党本部にも勤務した時期があり、政策委員会（他党の政策審議会、政務調査会、政策調査会にあたる）では安全保障や外交を担当していた。安保外交部長という荷の重い肩書きをもらったこともある。

その肩書きの頃、ある問題で志位和夫委員長との間に大きな意見の相違が生まれ（後述）、二〇〇六年に退職し、京都のかもがわ出版で編集の仕事につくことになる。それでも共産党員であることの誇りと志は変わらなかったし、毎月欠かさず収入の一パーセントを党費として納め（カンパはもっと多額だが）、所属する支部（職場、地域、学校などで組織される共産党の基礎組織）の会議に欠席したことはない（週に一回開く決まりだが、実際にはそれほど頻繁に会議が開かれていないという事情もある）。

党本部を退職後、「超左翼おじさんの挑戦」というタイトルのブログを開設し、いくつかの書籍も上梓《じょうし》することとなり、各種の政治問題でも自由に意見を表明している。そのため周りの人からは、「こんなに自由気ままに書いていると共産党から処分されるのではないか」と心配されることもあるが、幸いそういうことは一度もなかった。異なる意見を外部に表明したからといって処分されるほど、日本共産党は抑圧的な組織ではない。そんな組織ならば学者の党員は自分の学説さえ公表できないことになってしまう。

そうやって自由に生きてきた私であるが、共産党に対して自分の意見を好き勝手に表明するにとどまらず、自分自身が共産党の改革のために一肌脱ぐべきだと考えるに至った。具体的には、共産党に全党員による投票が可能な党首（共産党の場合は委員長）選挙を実施してもらい、私が立候補できるような選挙制度になるならば、党首になるために立候補したいと考えた。その選挙では、安保・防衛政策を中心に共産党が進むべき道筋を訴えたいと思うようになった。

野党共闘を活性化するカギの一つにならないか

自民党政権、自公政権が長く続いている。「失われた三〇年」という言葉があり、世界の主要国で日本だけが働く人々の給与が増えないことも知られているので、この三〇年に責任のある自民党政治の転換を求める人は少なくない。自民党政権の継続を願っている人であっても、政治にもう少しの緊張感が必要だとは感じているはずだ。ところが、安倍晋三氏（故人）の政権が国政選挙で六連勝を記録したのに続いて、岸田文雄政権になって以降の二つの国政選挙でも、自民党一強と言われる状態は変わらなかった。

なぜそうなってしまうかの答えは、私が書かずとも、誰もが分かっている。国民は自民党政治の対抗軸になれるような野党の出現を望んでいるが、現在の野党にはそれが期待できないからである。立憲民主党は、他の野党を糾合することも、自民党の対抗軸としてふさわしい政策を提示することもできていない。得票を増やすために野党が候補者を一本化することが望ましいと誰もが理解しているが、共産党と他党とでは安保・防衛政策の溝があまりに大きく、それを放置したまま政権共闘にまで進むことには、国民民主党はもちろん立憲民主党のなかでも抵抗があるし、この両党を支える労働組合の連合（日本労働組合総連合会）の批判も強く、有権者である国民の不安も消えない。

だから、野党共闘成立のカギの一つは、他の野党が懸念を感じている安保・防衛政策に共産党がどういう態度をとるかにある。しかし、共産党のなかでは、それを抜本的に見直す動きが見えない。岸田政権が二〇二二年末に「敵基地攻撃能力（反撃能力）」の保有を政策とする国家安全保障戦略の大転換を行ったが、ロシアがウクライナをミサイルで破壊する様を連日見せつけられている日本国民は、「敵ミサイル基地への反撃は許されない」とか「外交努力で何とかなる」という従来型の安保・防衛論では納得しない。「自衛隊活用論」（後述）には党員の反発も根強いし、中途半端であるが故に幅広い人々を惹きつけるわけでもない。共産党に求められるのは、野党共闘を主導できるような安保・防衛論を打ち出すことである。

「共産党は怖い」という見方にも変化が生まれる

野党共闘成立へのカギは、もう一つある。共産党のいわゆる「体質」である。

二〇二一年一〇月の総選挙のきびしい結果をふまえ、田村智子政策委員長が翌月末にツイッターで、「野党としての共産党なら良いけれど、政権に関わったらどうなるの？という不安は、私たちの想像を超えて広がった」と述べて党内外で共感が広がったが、ただちに削除されてしまった。二二年、ウクライナ戦争が起こり、日本から防弾チョッキを供与することが決まったのに対して、同じ田村氏が三月四日の記者会見で「反対と表明することは考えていない」と答えたのに、翌日には「党内で相談しないで（発言を）行った」と釈明して「我が党として賛成できない」と態度を翻《ひるがえ》した。

他の政党を見ていると、複雑な問題が起きた際、賛否が分かれて議論され、やがて対応がまとまっていく過程が可視化されるが、共産党の場合、賛否が分かれているだろうに、どういう根拠で結論が導かれるのかが外からは見えない。そして、田村氏の事例から分かるように、根拠が示されないまま発言撤回ということになるので、「偉い人の考え方次第で態度が決まるのではないのか」「民主的な議論が尽くされていないのでは」という感覚が国民には生まれる。そのことが、田村氏が言うように国民の不安も増幅させるし、政権共闘に対する他の野党の消極的な対応にもつながっていく。

もし、共産党が党員投票の党首選挙を実施できるほどに変化すれば、野党共闘の障害となっている安保・防衛政策を全党的に議論し、抜本的に見直すきっかけになる。また、そういう議論が国民の目の前で公開で行われ、国民が目にすることによって、共産党とは異論の存在を許さない「怖い」政党だという認識に変化が生まれ、共産党を含む政権共闘への国民の不安感も和《やわ》らぐのではないだろうか。再びこの言葉に登場してもらおう。

「日本共産党が党首公選を実施すれば日本の政治がマシになる」

共産党が党員投票の党首選挙を実施する→共産党には自由も個性もあることが国民に知られ、共産党への国民の抵抗感が和らぐ→党首公選を通じて安保・防衛政策で他の野党と「共通の土俵」が生まれる→野党の間で安保・防衛政策はもちろん経済政策も含めて自民党との対抗軸となるような議論が開始される→野党の政権共闘が確立し自民党政権を脅《おびや》かすような存在として次の国政選挙（二五年予定）に臨む→政権交代の可能性が現実のものとなり、自民党政権が存続する場合も野党の存在と主張を無視できない政治状況が誕生する。これが本書で提示したいことの道筋である。

共産党の党首選出システムはどうなっているか

二〇二一年一〇月の総選挙直前、当時の菅義偉《すがよしひで》首相の総裁任期満了を受け、自民党は総裁選挙を実施した。岸田文雄氏、河野太郎氏、高市早苗氏、野田聖子氏が立候補し、党員投票などを経て岸田氏が総裁に選ばれることになった。一方、総選挙での敗北の責任をとって枝野幸男氏が代表を辞任した立憲民主党も、直後に代表選挙を実施し、党員投票が行われて泉健太氏が選出された（立候補は他に逢坂誠二氏、小川淳也氏、西村智奈美氏）。

この過程でようやく重要性に気付いたのか、共産党の志位和夫氏に、「なぜ共産党は党首選挙をやらないのか」と問うメディアが出てきた。それに対して志位氏が、「私も選挙で選ばれている」と答えたそうだが、あまり大きな記事にならなかった。「選挙で選ぶ」ということは、普通の意味では異なる政策を掲げた人のなかから誰かを選ぶことであるが、共産党がそんな選挙をしているとは思えなかっただろうから、尋ねた側も志位氏の答えの意味がつかめなかったのかもしれない。また、二二年七月の参議院選挙の総括のために開かれた第六回中央委員会総会の途中の記者会見（八月一日）では、「党内では党首公選を求める声が高まっているがどうするか」と問われた志位氏は、党首公選の可否それ自体には答えないまま、現在の党首選出システムがどんなに民主的なものかを強調した。

では、共産党の党首――正式な肩書きを「幹部会委員長」というのだが――はどのように決まっているのだろうか。現在のシステムで私が挑戦する場合を想定して書いてみたい。

共産党の党首は、二年から三年に一度開かれる全国大会（党大会）で選ばれる中央委員会（約二〇〇〇人）が決めることになっている。その中央委員会は、全国大会に参加した一〇〇〇人ほどの代議員の投票で選出される（全国の党員数は二十数万人）。だから私が党首になるには、何よりもまず、全国大会に代議員として参加することが不可欠だ。

共産党の組織は、職場や地域ごとに支部があり、その支部がいくつか集まって地区委員会（地区党）がつくられ、その上に都道府県委員会（都道府県党）がある。全国大会の代議員になるには、まず支部で選ばれて地区の会議に参加し、そこでも選ばれて都道府県の会議に参加し、そこで最終的に選出されることが求められる（二〇ページの組織図参照）。

支部の会議で私が立候補を表明したら、参加しているのはいつも会議で顔を合わせている仲間であり、私の考え方もよく知っているので、おそらく私を選んでくれるだろう。しかし、地区や都道府県の会議になると、様相は一変するはずだ。なぜなら、あとで説明する共産党の組織原則があって、誰であれ他の支部や他の地区の党員と日常的に連絡を取り合うことを許されていないからである。だから、私がなぜ党首になりたいかを会議で主張する場を与えられたとしても、他の党員にとっては生まれて初めて聞く話であり、わずか数分の演説を聞いただけでは納得しようがないと思われる。しかも、私が立候補するのは、現在の共産党の政策などに異論があるからだが、この数十年間、共産党の会議というのは、全国大会から支部にいたるまで、「全会一致」で議案を可決することが慣例化してきた側面があり（そうでない場合もまれにあるが）、異論を持った人を選ぶ習慣がないのである。

それを打ち破って私が全国大会に参加できたとしよう。そこからのカベはさらに高い。党首を選ぶ権限のある中央委員というのは、大会代議員が自発的に立候補し、そのなかから政策を争って選ばれるのではない。その時点での党首を筆頭とする常任幹部会（二十数名）が中央委員の定足数（大会ごとに決める）を決め、その数いっぱいの候補者名簿を作成し、その時点での中央委員会の了解を得て大会に提案するのだ。その結果、提案された名簿の信任投票となり、この半世紀、提案した通りの名簿がそのまま承認されてきたのが実態である。

共産党の規約上のシステムでは、提案された名簿に載っていない大会代議員が中央委員になりたいと思えば、自薦することは可能だ。だから私が代議員として参加していれば立候補はできる。その場合、定足数を一人超えることになるので、誰か一人を落とす選挙が行われるわけだ。その選挙で落とされる一人が私になることはほぼ間違いない。なぜかと言えば、代議員というのは、事前に発表された大会決議案（党の政策などが書かれている）を支持する人が選ばれていくのであり、「全会一致」で決議案を採択してきた代議員が、一部とはいえ決議案とは異なる見地の人を選ぶ可能性は薄いからだ。

まかり間違って私が中央委員に選ばれたとしても、党首を推薦するのは、その時点での党首を含む常任幹部会である。また、投票する権限のある中央委員会は、規約で規定された「指導機関」であり、共産党の組織のなかでは最高度の団結を誇り、半世紀にわたって「全会一致」を繰り返してきた伝統を持つ（直近の二〇二一年八月の第六回中央委員会総会では、中央委員一人が保留を表明することになったが）。「全会一致」になるということは、中央委員の間では政策問題や組織のあり方について争うべき対立軸がないということを意味しており、私が立候補すること自体が異端視されるであろう。

もちろん、常任幹部会の提案に中央委員が反対、保留することは可能であるし、党員たるもの、異なる意見があるなら信念を貫くのが正しい道である。ただし、中央委員（幹部会も含む）の給与は全額が党中央から支給されており、反対、保留を表明しようとすれば、その事実が脳裏をよぎることにもなるだろう。

二〇二三年中に党首公選の実施を求める

しかし、全国の党員を見渡せば、政策上も組織方針上も、重要な異論が存在しているはずなのだ。あとで紹介するように、じつは常任幹部会のなかにも重要な見解の違いがある。先ほど述べたように、全国大会に向けて選出される代議員というのは、支部の会議、地区の会議、続いて都道府県の会議で賛成多数で選ばれていくものだが、それは見方を変えれば、二割、三割の異論があったとしても、オモテには見えづらいことを意味している。

つまり共産党の場合、異論を前提とし、異論を尊重するような運営方法をとらない限り、異論が反映されることは難しいということだ。それならば、党首公選を実施すればいいではないか。そうすれば、異論を唱える党員も立候補できるようになり、異論を尊重できる党の運営が可能になるのではないだろうか。

共産党は、二〇二四年一月に党大会を開催し、新しい人事を含む諸決定を行うことを公表している。それならば、今年（二三年）の終わりまでに党首選挙を全党員が投票できるかたちで実施し、その結果を党大会で承認するようにしてほしい。私のようなヒラの党員も立候補できるような制度設計をしてほしい。

日本の他の政党と異なり、共産党の規約には、党首公選を可能にする明文の規定は存在していない。昨年七月に創立一〇〇年を迎えた党の歴史のなかで、一度も党首公選を実施したことがない。だから、原理的にそんなことは不可能だと思っている人も少なくない。

私自身は、あとで述べるように、共産党の現行規約のもとでも党首公選は実施可能だと考える。規約には「すべての指導機関は、選挙によってつくられる」（第三条）と明記されているのだから、党首の公選はこの規定の精神に合致するし、少なくとも規約に反する考え方ではないと思っている。しかし、規約を変えないと党首公選はできないと党中央が解釈する場合であっても、公選の結果が尊重されるよう、二〇二四年一月の党大会で関連する規約の改正を行えばいいだけなのである。順序が逆になっても構わない。党大会で規約を改正したのちに党首公選を実施するという順序である。党中央には、是非、真剣な検討をお願いしたい。

共産党の機構と人事についての解説

本書の読者には、日本共産党に関心を持っていても、共産党の独特の機構などを知らない人も多いと思われる。党首は正確には「幹部会委員長」（略して委員長）と呼ぶことをすでに紹介したが、「幹部会」やそれとよく似た名称の「常任幹部会」とはどんなものなのか、また、委員長以外に「議長」や「書記局長」などの役職もあるが、委員長との関係はどうなっているのかなど、読み進める上でつかえてしまいそうな言葉が使われている場合も少なくない。そこで、最小限度のことは最初に解説しておきたい。

共産党にとって最高機関は全国大会（党大会）であり、現在は二年から三年に一回開かれる。そこで選ばれる中央委員会（現在は二〇〇名近い中央委員で構成され、開かれる会議の名称は回数に従って第○回中央委員会総会と呼ばれる）が、次の党大会までの間、大会決議を実践する指導機関とされる。この仕組みは戦後ほとんど変更がない。

戦後すぐの一九四五年（第四回大会）からは、中央委員会が選ぶ「書記長」が実質的な党首で、当初は徳田球一氏が、五八年（第七回大会）以降は宮本顕治氏が務めた。第七回大会で野坂参三氏が「中央委員会議長」（略して議長）となり、八二年（第一六回大会）に引退したが、当初は形式的に「党首」扱いされていたものの（野坂氏が「党首」と呼ばれていたが、誰もが実際は宮本氏だと思っていた）、後半期は名誉職的な位置づけだった。

書記長（General Secretary）とは国連の事務総長（Secretary-General）と同じ意味であり、国連で権限を持つのが安全保障理事会で、事務総長はあくまで事務の責任者であるのと同様、社会主義革命を成し遂げたソ連共産党においても、当初は権限を有する政治局のもとで事務を仕切る役割を与えられていた。しかし、書記長だったスターリンが日常の事務を担うことを通じて権限を増大させ、政治局を有名無実化させていったことから、世界の他の共産党でも書記長が代表職とみなされる時代があったわけである。なお、一九五〇年代以前、共産党にはさまざまな機構があったようだが、「五〇年問題」（後述）で分裂して混乱していた時期であり、本書では扱わない。

日本共産党が混乱期を乗り越え、平和革命路線を明確にした六一年第八回大会では、中央委員会が選出する「幹部会」（主要な都道府県の委員長なども含む）、東京の党本部で日常の指導にあたる「常任幹部会」（幹部会が選出）が選ばれている。党首としての「幹部会委員長」という、現在につながる役職ができたのは一九七〇年（第一一回大会）のことで、宮本氏が初代として就任した（野坂氏は引き続き中央委員会議長）。この大会ではさらに、宮本氏に抜擢されて不破哲三氏が新設の「書記局長」（Chief of Secretariat）となり（これに伴い「書記長」職は廃止）、他党の幹事長クラスとみなされるようになる。書記局とは国連の事務局（Secretariat）と同じ名称である。現行規約では「幹部会および常任幹部会の指導のもとに、中央の日常活動の処理にあたる」とされる。この大会で、現在につながる機構がすべてつくられたことになる。

現行規約では幹部会の役割はとくに規定されておらず、常任幹部会も「幹部会の職務を日常的に遂行する」とされているだけである。「指導機関」である中央委員会こそが権威を持っているはずであるが、「年に二回以上」（規約）、一回あたり二日程度総会が開かれるだけであり、幹部会も中央委員会総会の前日に半日ほど開かれ、常任幹部会による中央委員会への提案を了承する役割を果たす程度のものになっているので、常任幹部会こそが実質的な権限を有していると言える。

　こうして七〇年から、共産党のトップは幹部会委員長で、ナンバー2が書記局長ということになるが、八二年（第一六回大会）に野坂氏が名誉職的な議長職を退任し、宮本氏が中央委員会選出の議長、不破氏が幹部会選出の委員長になることで、トップは中央委員会議長だという時代が到来する。

　野坂氏は後半期はヒラの中央委員だったのに対して、宮本氏は権限のある常任幹部会のメンバーだったので、議長がトップであることは規約上も不自然ではなかった。ナンバー3と位置づけられた書記局長には金子満広氏が就任し、九〇年の第一九回大会以降は志位和夫氏に代わる。これも宮本氏の抜擢であった。

　一九九七年（第二一回大会）、宮本氏が議長を退任し、議長席が空白となったが、二〇〇〇年（第二二回大会）、幹部会委員長に志位氏が就任し、不破氏は中央委員会議長となる（書記局長は市田忠義氏。なお、二〇一六年以来、書記局長は小池晃氏が務めている）。

九七年の大会で規約が改正され、議長職は「選出することができる」として、必須の役職ではなくなった。その結果、委員長が党首であることが規約上も明白になったが、不破氏は宮本氏と同様、常任幹部会のメンバーともなったし、長年の「実績」もあったので、規約は別にして実質的な権威を有することとなる。不破氏は二〇〇六年に議長職を辞し、委員長が党首であることがより鮮明になったが、常任幹部会のメンバーではあり続けている。

この歴史を振り返って感じるのは、まず規約があって、それにあわせて人事が行われただけではないということだ。党首が「こいつは見込みがある」という人を見つけたり、実力のある人が頭角を現したりしたとき、まず規約に沿って人事を考え、必要であれば規約を改正してでも新たな役職をつくったりしてきたということである。

なお、不破氏も志位氏も、宮本氏が抜擢したのを中央委員会、大会代議員が承認してきたものであり、一九五八年から現在までの六五年間、宮本氏の意向で人事が左右されてきたとも言える。宮本氏は二〇〇七年に死去され、次に党首が新しくなるとすれば、一九五八年以来初めて宮本氏の影響とは直接の関係がない党首が生まれることになる。引き続き現党首の意向で次の党首が決まるのか、党員の意見が影響を与えるのかが注目される。

日本共産党組織図

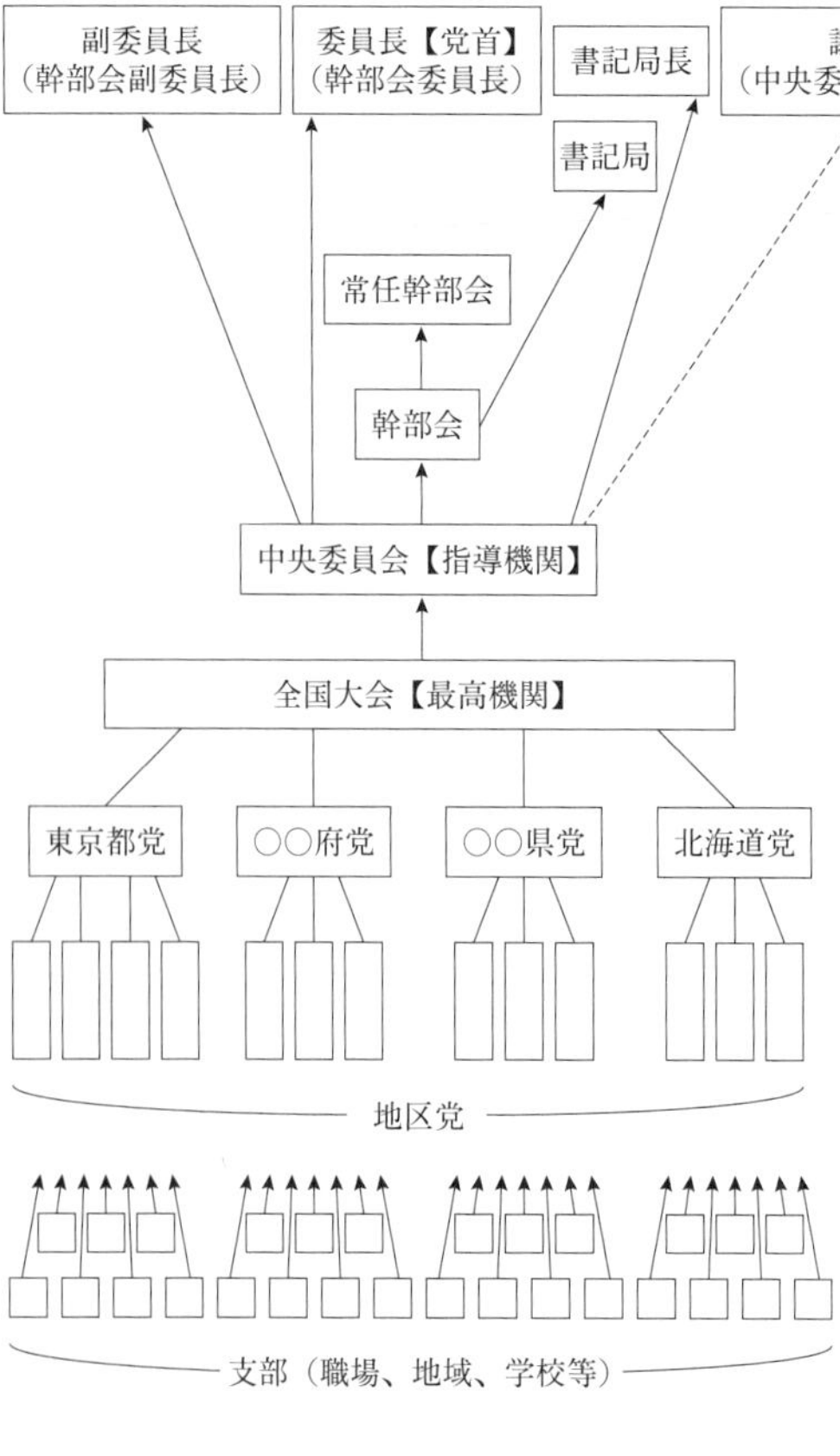
副委員長
（幹部会副委員長）
委員長【党首】
（幹部会委員長）
書記局長
議長
（中央委員会議長）
書記局
常任幹部会
幹部会
中央委員会【指導機関】
全国大会【最高機関】
東京都党
○○府党
○○県党
北海道党
地区党
支部（職場、地域、学校等）

シン・日本共産党宣言——ヒラ党員が党首公選を求め立候補する理由◎目次

第一章　なぜ党員投票による党首選挙を求めるのか

二〇二二年七月に創立一〇〇年を迎えた共産党に対して、「朝日新聞」が七月一六日の社説で党首公選を求めた。公選までは求めないとしても、志位和夫氏の在任期間が他党の党首と比べてきわめて長いことも関係してか（二三年間である）、次の党首に関する話題が新聞でもネットでも出てくる。

出てくる名前は多《た》士《し》済々《せいせい》だ。次の党首は引き続き志位和夫氏という意見以外にも、代わるとすれば安定感で小池晃氏だろうとか、初の女性で田村智子氏がいいとか、ここは思い切って若手の山添拓氏ではどうか、最近「しんぶん赤旗」（党の機関紙。以下、「赤旗」）に登場するようになった田中悠氏とはどんな人物かなどの声が出ている。

小池氏は私が政策委員会に在籍していたとき、政策委員長として指導してくれた方であり、たいへん尊敬している。田村氏は私の知る学生時代から有能で性格も明るく、最近の言動を見ても国民の常識に近い。田中氏は学生時代、イラク反戦闘争をリードし、挫折も経験しつつ、リーダーとして育ってきた様を見てきた。山添氏とだけは面識がないが、国会質問の鋭さでも、有権者に信頼され選挙に強いという点でも、群を抜いている。

けれども、仮にこれらの人が党首になりたいと思っても、選挙で選ばれることにはならないだろう。選挙というのは、政策などに違いがあって、どちらを選ぶのかをめぐって争われるものである。議員を選ぶ場合も、党首を選ぶ場合も、そこに違いはない。そういう観点からいま名前を挙げた人を眺めた場合、現在の共産党と異なる政策を掲げるようなことは考えられない。なぜなら、これらの人はすべて中央委員であるが、この間、何回、何十回と開かれた中央委員会は、提案された議案を「全会一致」で可決してきたからである。つまり、誰かが出馬したとしても、争うべき政策や方針のない選挙となって、選挙としては意味がなくなるわけだ（若さや性別も争点だという立場もあるかもしれないが）。もし、これらの人が異なる政策、方針を掲げるなら、これまでは面従腹背してきたことになり、党員としての資質が問われることになってしまうのである。

そこが私の場合、決定的に異なる。私が党の政策、方針に異論があること、それが現在の野党共闘の障害となっている安保・自衛隊をめぐる問題であることは、共産党の手によって一八年前（二〇〇五年）に公開されているからである。その事情は次の章で述べる。

外から見た共産党と現実の共産党は、かなり異なり、共産党内には「選挙で争う」に値するだけの違いがある。そうした共産党の多様性を可視化するところにこそ、党員投票の党首選挙を実施する意味があると私は考えている。

1　政策その他で重要な違いがある

外から共産党を見ていると、「上から下まで同じことしか言わない」と感じる人が多いだろう。「一枚岩」という言葉で表現する人も少なくない。確かに、共産党の大会がメディアで報道される際、「議案が全会一致で可決された」とされる場合がほとんどだ。他の政党では見られないことであるし、共産党自身、「それは民主的に討議をつくした結果だ」として、全会一致を肯定的に捉えているので、異質さが際立つことになる。

けれども、共産党というのは、「党の綱領と規約を認める人は党員となることができる」（党規約第四条）とされているように、党員が必ず認めなければならないのは「綱領」と「規約」だけなのである。綱領に書かれていない政策や見解では、違いが生まれて当然だし、実際に違いが存在する。さらには、綱領で決められたことであっても、党員からの批判をふまえて綱領のほうが修正されることだってあるのだ。それをいくつか例示してみよう。

（1）中国をどう評価するのかという問題で

ソ連は社会主義ではなかったとしながら

少なくない共産党員にとって衝撃的だったことは、第二三回党大会（二〇〇四年）で採択された綱領のなかで、中国が「社会主義をめざす国」と規定されたことであった。この衝撃度の強さは、党員としてがんばってきた人でないと理解できないかもしれない。

日本共産党は最終的に社会主義社会の建設をめざしているが、その目標が日本国民の共感を得られない大きな要因の一つは、実際に目の前にある社会主義を自称する国があまりに劣悪だからである。かつてのソ連しかり、現在の中国、北朝鮮しかりである。

だから共産党は、どんな外国のマネもしない日本独自の道を進むという「自主独立」の路線を一九六〇年代に確立して以降、ソ連や中国が大きな間違いを犯すたびに、「社会主義の原則をふみにじっている」などと批判してきた。それを気に食わないソ連、中国が日本共産党の内部に手を突っ込み、自国の支持派を育成しようとしたときは、党と党との関係を断ち切る対応を行うことまででした。

私自身、共産党傘下の青年組織である日本民主青年同盟の国際部長を務めた時期があり、ソ連とその取り巻きが多数を占める国際会議に参加した場合、孤立無援でもソ連の誤りを堂々と批判せよという共産党からの指示を守り抜いてきた。現場の党員ががんばれたのも、日本共産党はソ連や中国の党とは違うことを実感でき、誇りに思えたからだ。

ソ連が崩壊したとき、共産党は「もろ手を挙げて歓迎する」という態度を明らかにし、ソ連は社会主義の名に値するような国ではなかったとする声明を発表する。私はその頃、金子満広衆議院議員（当時は副委員長、故人）の秘書をしていたが、後援会の旅行の夜の懇親会で、金子氏が「ソ連が崩壊して祝杯を挙げている共産党は日本だけだろうね」と語るのを誇らしく聞いていた。そんなソ連をなぜずっと社会主義だとみなしてきたのかは十分に深められなかったし、ソ連にあこがれてきた党員には大きなショックを与え大量の離党につながったのだけれども、少なくとも日本共産党がソ連や中国の横暴と闘ってきたことを誇っている党員は、ソ連の崩壊に際して大きく動揺するようなことはなかった。

現場では涙ぐましい努力がされていた

ところが、二〇〇四年の綱領改定によって、中国が「社会主義をめざす国」とされたのだ。ソ連は社会主義ではないと言いながら、そのソ連と比べても社会主義らしくない中国をそう規定したのである。その一五年前の天安門事件の記憶も新しいし、中国共産党がこの事件を公に反省したわけでもないのにである。日本共産党も「社会主義をめざす」政党に変わりはないから、いくら中国とは違うと言い張っても、国民には同じ方向を向いていると捉えられてしまう。

　中国に対するこの評価を改めた第二八回大会（二〇二〇年）の報告で、志位委員長が「（評価を改めるのが）もっと早ければよかった」という党員の声を紹介しているが、それ自体、党員のなかで早くから異論が存在していたことを示している。困り果てた党員は、この規定が日本共産党に悪影響を与えないよう、それぞれの現場で努力をしていた。

　私が体験した事例を一つ紹介しよう。二〇〇九年の衆議院選挙の最中に東京のある共産党地区委員会に立ち寄った際、「共産党後援会ニュース」が置かれていたのだが、そこには「中国は社会主義ではない」というスローガンが書かれていてびっくりした。選挙では「共産党は中国も日本も同じだ」という類《たぐい》の批判が渦巻くから、防戦のためにこの種の反論をせざるを得ないわけだが、それにしても綱領に反するようなことまでするのかと驚いたのだ。ところが、その場にいた人に聞くと、このニュースは党本部から応援に来ている人の援助を受けてつくったものだという。党本部の人は、共産党の綱領にある社会主義を「めざしている」という規定は、ただ「めざしている」というだけであって現在は社会主義ではないということだから、このスローガンでいいのだと説明したとのことだった。

一般の人には屁理屈にしか聞こえないだろうが、私からすると涙ぐましい努力である。中国を評価してきた長い時間が生んだ汚点は拭い切れないけれど、日本の共産党が決して「一枚岩」でないことだけは理解していただけるだろう。

（2）北朝鮮不審船問題では真っ二つに分かれる

船体射撃を可能にするための法改正だった

二〇〇一年一〇月、国会で海上保安庁法の改正案が提出され、可決された。これは、北朝鮮のいわゆる「不審船」を念頭においたもので、一九九九年三月の能登半島沖の事件をふまえて準備されていたものであった。

能登半島沖事件では、北朝鮮の不審船が日本の漁船に偽装して（廃船になった日本の漁船名を使うなどしていた）領海に入っていることが認められ、海上保安庁が電話等で呼びかけたが反応せず、北朝鮮方向へ逃走を始めたので、自衛隊とともに追跡を開始した。しかし、不審船の速度が速く、海上保安庁の巡視船が遅れ始めたため、警告射撃によって停止させようとしたが、不審船はさらに速度を上げて北朝鮮領海内に逃げ帰ったものである。

政府はその後、巡視船の高速化をはかりつつ、こうした事案では不審船を確実に停止させ、立入検査ができるようにしようと、法案の作成を進めていたのである。

改正案の中心点は、それまで海上保安庁には警告射撃しか認められていなかったが、特定の要件を満たした場合、最終手段として、人に危害を与えても罪に問われない「危害射撃」（具体的には船体への射撃）を認めることを目的としていた。特定の要件とは、その船が日本の領海内に侵入するとともに、法令違反などの疑いがあり、かつ停船命令を出しても抵抗・逃亡しようとする場合であった。

法案に対する共産党の意思決定のシステムは、国会対策委員会が起案し、担当部局（労働問題なら労働局）の承諾を得た上で、政策委員会が了解し、書記局長が決裁するシステムだ。書記局長では判断できないような難しい案件の場合、委員長の決裁に回すか、常任幹部会（すでに紹介したように委員長や書記局長なども参加する日常の指導機関）で議論して決めることもある。

国会対策委員会と志位氏は反対し、政策委員会と不破氏は賛成した

海上保安庁法の改正案について、国会対策委員会の態度は「反対」であった。共産党はそれまでも、自衛隊に限らず権力機関の強制権限を拡大することに反対してきたから、そ

の延長線上のものであった。

　それが政策委員会に回ってきて態度の決定が求められた。政策委員会の担当者だった私は「賛成」という立場で起案し、合意を得る。北朝鮮の不審船が麻薬密輸等の事案に関係していることは確実視されており、犯罪を行っても海上保安庁の巡視船よりも高速で逃げれば捕まらないという状態が放置されれば、犯罪は抑止されることがない。国民の不安も増大していた。国内犯罪を警察が取り締まる事案では、警察官は一般に人に危害を与えてはならないが、例えば警察官が身の安全を守りきれない正当防衛の場合とか、容疑者が警察官の職務執行に抵抗し、他に手段がないと信ずるに足りる相当な理由がある場合は、その限りではないとされている。それと比べても、同じく犯罪に対処する海上保安庁の権限が突出するものでもないという判断から、賛成で行こうと決めたのであった。

　その結果、国会対策委員会は反対、政策委員会は賛成と意見が分かれたまま、指導部に回覧されることになる。前年に委員長になったばかりの志位氏は「反対」という結論を持ち、政策委員会に判断を変えるように迫った。しかし、政策委員会はそれに同調せず、そのまま不破議長まで持ち込まれることになった。そして、不破氏が「賛成」とする決断を下し、それが党の正式の態度となったのである。志位氏が委員長（党首）になったといっても、実権は不破氏にあるという時代があったのだ。なお、同じ国会に同様の内容を持つ自衛隊法改正案が出されたが、これに対しては党内のすべての部署が「反対」で一致していた。不審船のような事案は警察（海の場合は海上保安庁）が基本的に対応すべき性格のものであり、自衛隊の権限を拡大すべきでないという判断からであった。

（3）「日銀の独立性」確保のための法改正をめぐって

誰もが日銀の政府からの独立性の確保に賛成していた

中国問題や北朝鮮問題のように、いかにも意見が割れそうな問題だけではない。経済政策をめぐっても、いろいろな見解の相違が生まれることがある。一九九七年の日本銀行法改正問題もその一つである。

「日本銀行の独立性」という言葉はよく聞かれる。誰もが当然のことのように受け止めている。日銀が政府の強い統制を受ける場合、国会議員から選ばれる政府閣僚は議員任期が限られているため短期的な利益に目が向きがちだが、金融政策には長期的な視点も必要なので、行政府からの独立性が不可欠だとされる考え方である。

共産党の内部でも「日銀の独立性」という言葉は、当時はこのような意味で使われ、肯定的に捉えられてきた。最近（二〇二二年）も、安倍元首相が「日銀は政府の子会社」と発言した（「日本経済新聞」五月一一日付）のに対して、共産党の穀田恵二国会対策委員長は、「とんでもない。妄言、放言もいいかげんにしてほしい」と述べ、安倍氏は「日銀の独立性」を理解していないとも強調したとされる（「共同通信」五月一一日付）。

しかし、そもそも「日銀の独立性」とは何かという根本問題について、共産党の内部で深刻な見解の対立が生まれたことがある。日銀の独立性が謳《うた》われた九七年の日銀法改正過程で表面化したものだ。

日本銀行法は戦時下の一九四二年に制定されたもので、日銀は国家総動員態勢を支えるものだという目的が露骨に示されていた。「国家経済総力ノ適切ナル発揮ヲ図ル為国家ノ政策ニ即シ通貨ノ調節、金融ノ調整及信用制度ノ保持育成ニ任ズル」（第一条）、「専ラ国家目的ノ達成ヲ使命トシテ運営セラルベシ」（第二条）などの条文を見れば明らかである。しかも、この規定が戦後になっても改められず、半世紀以上も継続していたのである。

九七年の改正は、中央銀行の独立性の確保という世界的な流れを受け、日銀の独立性を明確にするためのものだった。改正法は、「日本銀行の通貨及び金融の調節における自主性は、尊重されなければならない」（第三条）と明記したのをはじめ、日銀総裁は病気などの場合を除き解任できないという規定を設けるなど、独立性を担保することになった。

この改正案が提出された当初、共産党も当然のこととして賛成する方向へ動いた。先ほど書いたように、法案に対する共産党の意思決定のシステムは、難しい案件の場合は委員長（当時は不破氏）の判断を仰ぐが、そうでない場合は書記局長（当時は志位氏。委員長になったのは二〇〇〇年）止まりである。日銀法改正案に対しては、最初から「賛成」で起案され、私が所属していた政策委員会を含めどこからも異論が出ることもなく、だからあえて委員長の判断を仰ぐ必要もないということで、賛成することに決まっていた。

不破氏が反対した結果、衆参の議員団の投票が分かれる

ところで、その法案を採択する国会の本会議には、当時は現職の衆議院議員であった不破委員長も当然のこととして出席する。不破氏は、本会議場で初めて法案と党の審査文書に目を通し、この改正には反対すべきだとその場で判断する。しかし、議員団と異なる態度をとるわけにもいかないので、議場から志位氏を伴って退席することになったのである。

その後、不破氏の口から語られたのは、日本経済を民主的に規制するという共産党の基本政策からして、日銀を政府がコントロールするのは当然だということであった。また、

日銀の独立性が当然のこととして語られるが、それは政府からの独立ではなく、大銀行、大企業からの独立であるべきだ、というものであった。確かに、一九七七年に共産党が発表した『日本経済への提言』（日本共産党中央委員会出版局）では、「日本銀行の国家財政への奉仕と大銀行にたいする支援によって、インフレが進行し増幅されている」などとして、日銀政策委員会に「公定歩合の決定、変更、割引・貸付条件の承認・指示、公開市場での証券売買についての承認・指示、準備金操作の指示など、つよい権限をあたえる」ことなどが提唱されていた。しかし、不破氏らが退席した直後の議員団会議は大荒れである。「党首なら党の決定に反してもいいのか」という意見が噴出した。その場ではとりあえず、「委員長は規約上の機関にあたるから独自の判断ができる」として議論を収め、その後にあらためて議員団が検討を続けた。そして、最終的には不破氏の指摘の通り反対すべきだという結論になった。この結果、共産党議員団は、衆議院で賛成した法案に参議院では反対するという、史上初めての混乱した対応をすることになったのである。

これは過去の問題ではない。アベノミクスの一環として行われた金融緩和政策を通じて、政権側が日銀を思うがままにコントロールしていることが明らかになっているが、その手法（中身以前に）をどう評価するのかという問題につながる。共産党が政権の座についたとして、日銀の独立性を尊重して政府は干渉しないのか、それとも政府の意向が反映されるような金融政策をとるよう働きかけるのか、問われ続けているのである。先述した穀田氏の言葉を見ると、独占資本からの独立ではなく政府からの独立が大事だと考えているようだが、果たしてそれでいいのかという問題でもある。

（4）自由貿易協定をどう考えるのか

日銀法の問題は、不破氏の指導に周りが従ったという、いかにも共産党と思わせる事例だが、逆の事例もある。不破氏がいったん出した意見を引っ込めた事例である。

私が共産党を退職したのは二〇〇六年九月だが、その同じ月に、日本とフィリピンの間で「経済連携協定」が結ばれた。いわゆる自由貿易協定の一種であり、両国間の貿易や投資の自由化を拡大しようとするものである。

具体的に見ると、一方では、日本からフィリピンに輸出するほぼすべての鉱工業品について、一〇年以内に関税を撤廃する内容が盛り込まれていた。鉄鋼や自動車等々である。他方、フィリピンから日本への輸出では、農産物や水産物の関税を五年、一〇年かけて撤廃しようとするものである。さらには、日本の人手不足を背景にして、看護師や介護福祉士などの人の移動を条件付きで可能にしようとするものでもあった。

　通常、この種の協定には、共産党は無条件で反対してきた。工業立国をめざしてきた日本として、工業製品の輸出を促進する代わりに農産物の輸入を拡大する協定だが、鉄鋼や自動車の大企業はもうける一方、それと引き換えに農民などの利益が犠牲にされるという、共産党らしい論理からであった。フィリピンとの経済連携協定でも農民団体が反対運動を展開していた。さらに、介護や福祉の現場からも、日本語の習得が十分でないフィリピン人が入ってくることへの不安の声があがっていた。この協定への賛否を決める常任幹部会でも、国会対策委員会や政策委員会からは「反対する」という意見が出されていた。

　ところが、常任幹部会の会議が開催されてみると、なんと不破氏が「それでいいのか」と問題提起をしたのである。不破氏が言うには、協定には賛成した上で、不利益を被《こうむ》る農民などに対して政府が十分な支援策をとる選択肢もあるのではないか、そこを検討してほしいとのことだったという。

　この種の協定はどんなものであれ、その基本的な性格として、日本だけが得をすることはあり得ない。日本に利益になるものもあれば、逆に不利益になるものもあり、相互に譲り合うわけだ。それまでのアメリカとの協定では、過去の繊維や半導体に見られたようにアメリカの利益のために力関係で押し切られることがあり、反対するのが当然だと言えたものもあった。けれども、フィリピンは日本に何かを押し付けるような関係にはなく、対等平等な関係をつくるために共産党としても努力しないといけない。日本国民のなかに不利益を被るものがあることを理由に反対していては、世界のどの国とも貿易・投資協定は結べなくなり、そんな政党に外交を担う政権を任せられるのかという問題が突きつけられてくる。だから、フィリピンとの関係も大切にするし、不利益を被る日本の農民の救済策は講じるようにすべきではないかというのが、不破氏の問題提起の主旨だったそうだ。

　しかし、常任幹部会の場では、小池政策委員長など多数が反対すべきだと表明し、不破氏も「本当にそれでいいのだね」と念押ししつつ、最終的には自説に固執しなかったそうだ。ということで表沙汰にはならなかったのだが、共産党が政権入りを現実の政治日程に乗せてくる今後、こうした点での意見の違いは必ず浮上してくる問題ではある。

（5）児童ポルノ規制をめぐる党本部内での対立

表現の自由の規制へ「共産党の大転換」？

　もっと身近で、かつ最近になって起きた問題も取り上げておこう。二〇二一年の総選挙で共産党が掲げた児童ポルノ規制の政策に関する問題である。アニメやマンガ好きの界隈《かいわい》では、共産党がアニメやマンガを法的に規制することに乗り出したとして、ＳＮＳなどで「共産党の大転換」「共産党までこんなことを」と大騒ぎになったので、関係者はよく知っている問題でもある（この項ではマンガ評論家の紙屋《かみや》高雪《こうせつ》氏のブログを参考にした）。

これが「大転換」と言われるほど、共産党はいまに至るまで、アニメであれ何であれ、表現の自由に関する規制には断固として反対する立場であった。憲法の大原則である自由と人権の尊重の考え方を厳格に貫いてきた。ポルノなどの内容が子どもたちにとって問題である場合であっても、その規制は法律で強制的に実施するのではなく、自主的に社会運動などのかたちで行われるべきだと考えてきた。ところが、ジェンダー平等の市民運動が広がって、その内部で法的規制を求める声が強まり、共産党との関係も深まってくるようになると、それにどう対応すべきかという問題が生まれるようになる。

この問題をめぐって共産党の内部で異なる見解が生まれたのだが、それは、共産党のホームページにおける発表文を見れば明らかである。総選挙政策といっても、共産党は基本政策以外に分野別の詳細な政策を公表することになっており、二一年総選挙の場合、八五分野の個別政策としてホームページに掲載された。そのうちの「７、女性とジェンダー」

には次のように書かれていた。

「児童ポルノは『性の商品化』の中でも最悪のものです。児童ポルノ禁止法（一九九九年成立。二〇〇四年、二〇一四年改正）における児童ポルノの定義を、『児童性虐待・性的搾取描写物』と改め、性虐待・性的搾取という重大な人権侵害から、あらゆる子どもを守ることを立法趣旨として明確にし、実効性を高めることを求めます」

　現行の児童ポルノ禁止法は、「性欲を興奮させ又は刺激する」ような子どもの「実写」（生身の子どもを使ったもの）を禁止したものである。それを「描写物」に改めよというのだから、「描写物」（アニメ等）についても児童ポルノ禁止法で規制すると読める。このテキストの直後に、「現行法は、漫画やアニメ、ゲームなどのいわゆる『非実在児童ポルノ』については規制の対象としていません」、「（アニメなどは）現実・生身の子どもを誰も害していないとしても、子どもを性欲や暴力の対象、はけ口としても良いのだとする誤った社会的観念を広め、子どもの尊厳を傷つける」として強く批判もしている。

政策の別の箇所では「マンガ・アニメなどへの法的規制の動きに反対します」

　しかし、子どもの性を扱う作品といっても、さまざまなものが存在している。人間の性欲を扱うことは、人間の重要な一部を表現することでもあり、良質な作品も数多く存在している。だから、この種の問題を論じるに当たってまず必要なのは、そうした創作物への敬意であるが、この政策にはそういうものが微塵《みじん》も感じられない。

そうした作品のなかに、「子どもの尊厳を傷つける」ものもあるとは思う。けれども、何が尊厳を傷つけるのか傷つけないのか、その区別は容易ではない。だから、その判断を政府権力が行って介入するようなやり方は排除すべきなのである。それが従来からの共産党の考え方であった。

かつて「児童性虐待描写物」という言葉を国会質問で使った共産党の議員もいた。しかしそれは、マンガなどを規制する意図からのものではなく、現行法が禁止しているのは性欲を刺激するものに限られているのは問題であり、子どもが虐待されている実写物をも広く対象とすべきだという趣旨のものだった。

そういう共産党の態度は多くの人の知るところだった。だから、二一年総選挙の際の政策が急にマンガなどへの規制色を強めたように見えて、「共産党の大転換」と騒がれたのは当然だったのだ。

それに驚いた共産党の側は、その直後、あわててその政策に、「ここで言う『描写物』

には、漫画やアニメなどは含みません」と注釈を加えた。さらに、「詳しくは下記のリンクをご覧ください」として、「『共産党は表現規制の容認に舵《かじ》を切ったのですか』とのご質問に答えて」というリンク記事を紹介したのである。

　そのリンクを開くと、Ｑ＆ＡのＱとして「『女性・ジェンダー』と『文化』政策は矛盾していませんか？」と書かれていた。これは何かというと、八五の個別政策の六〇番目には「文化」政策が記述されているのだが、そこでは「『児童ポルノ規制』を名目にしたマンガ・アニメなどへの法的規制の動きに反対します」と書いていることを意味する。「女性とジェンダー」政策とは異なるというか、はっきり言えば真逆なので、読者からはどちらが正しいのだと問い合わせがあったのだろう。

　では、このリンク記事によって、従来の共産党の立場への復帰が果たされたのかというと、そうでもないところが問題だった。リンク記事には、「（共産党が）これまでの方針を転換し、マンガやアニメなどの表現物・創作物を法的規制の対象にしようとしているとの理解が広がっていますが、そうではありません」という表現があった。しかし一方で、「一足飛びに表現物・創作物に対する法的規制を提起したものではありません」として、将来の法的規制（二足、三足飛んだあと？）には含みを持たせているようにも見えたのだ。

議論によって政策の違いが修正された

ただし、二二年参議院選挙を前に、「女性とジェンダー」の該当部分は大幅に書き換えられた。マンガやアニメを想像させる「描写物」という言葉はなくなり、実写を意味する「記録物」に改められた。その上で、以下のように、法的規制の動きを批判的に捉え、表現の自由と自主的な取り組みの重要性を強調している。

「ジェンダー平等をすすめ、子どもと女性の人権を守る立場から、幅広い関係者で大いに議論をすすめることが重要だと考えます。『表現の自由』やプライバシー権を守りながら、子どもを性虐待・性的搾取の対象とすることを許さない社会にしていくことが必要であり、議論と合意をつくっていくための自主的な取り組みを促進していくことが求められています。そうした議論を起こしていくことは、『児童ポルノ規制』を名目にした法的規制の動きに抗して『表現の自由』を守り抜くためにも大切であると考えています」

この問題は、二つの点で、共産党の歴史のなかで希有《けう》な例に属する。一つは、「一枚岩」の共産党でも最高度の固い岩盤だと思われている党本部内においてさえ、政策的な違いがある現実が表面化したことだ。もう一つは、その違いが外部に可視化され、外部の批判も受けて内部で議論が進み、一致した対応がとられたことだ。批判を寄せた人々は、自分の声が共産党に届いたことが分かって、党への好感度を上げたことだろう。

これこそ、政策的な違いを党首公選を通じて議論するという、私の本書での提案につながっていくものである。以下、その問題に移っていきたい。

2　党首公選が共産党にとって必要な理由

以上述べてきたように、共産党内には重要な問題で政策的な違いがある。もちろん、どんな問題でも党首公選で争うというものではなかろう。しかし、それでも共産党にとって党首公選は不可欠なものではないだろうか。その理由をいくつかの側面から考えてみたい。

（1）他党が実施し、国民的な常識になっているから

自民党における党首公選の誕生と発展

一つは、何よりも現在、それが日本の政治において常識になっているからである。

歴史的に見ると、党首公選は新しい現象である。日本における本格的な政党政治の始まりは、一九一八年の原敬《たかし》内閣だ。大正デモクラシーのなかで護憲運動が高まり、民主主

義を求める世論が広がったのである。それ以来、政党の党首は、国会議員のなかから互選で選ばれるのが常識であった。戦前もそうだし、戦後も長い間、その常識が続いていた。

そこに変化をもたらしたのは自民党である。金脈問題で倒れた田中角栄氏のあとを受けて誕生した三木武夫首相が党内抗争の結果を受けて退陣を求められた際、党改革の一環として全党員参加による総裁選挙の実施を提言し、約束させて七六年に退陣を受け入れたのである。それが二年後に実現して七八年、大平正芳氏は全党員による予備投票を経て総裁に就任することになったのだ。

当時の自民党は、派閥間の争いが激しく、三木おろしの風が吹き荒れていた。それに対する国民の批判の眼差しがあったので、派閥に属する議員だけではなく党員も総裁選挙に参加させるという三木氏の提案を、自民党としても受け入れざるを得なかった。党員の党首選挙への参加は、三木氏の捨て身の提言が生みだしたものである。一九一八年に政党政治が開始されて六〇年が経っていた。

党首公選が開始されてみると、当初の三木氏の意図とは違った結果も生まれてくる。公選における党員の得票を増やすため、派閥単位で党員の獲得競争が激化し、一般党員までが派閥争いに組み込まれたりしたのだ。

しかしそれでも、「党員になれば間接的に総理大臣を決める一票を入れることができる」ことの魅力は強く、自民党員の数は増大していく。名前だけの党員もいるが、同時に、選挙の際は手足になるような頼りになる党員も少なくない。小泉純一郎氏が、国会議員票は少なかったのに党員票で圧倒して総裁になったことがあるように、必ずしも派閥の論理に左右されない党員も生まれてくる。党員票を多く獲得する候補は有権者にも支持されやすいことも分かってくる。こうして自民党内では党首公選が定着してくるのである。

他党の党首公選の仕組み

自民党は現在、「総裁は、別に定める総裁公選規程により公選する」（党則第六条）としている。その「別に定め」た規程では、「本党の総裁は、本規程の定めるところに従い、党所属国会議員、党員、自由国民会議会員及び国民政治協会会員の投票によって公選する」（総裁公選規程第一条）として、党員の投票を明記している。

立憲民主党は、「党員は、代表選挙規則の定めるところにより、代表選挙において党員及び協力党員の投票（以下「党員投票」と言う。）が実施される場合の投票権を有する」（規約第五条）としている。国民民主党も、「党員は、代表選挙規則の定めるところにより、代表選挙において党員及びサポーターの投票（以下「党員投票」と言う。）が実施される場合の投票権を有する」（規約第四条）と、出自が同じだからか、立憲民主党とほぼ同じ規定を有している。社民党も、「党員の権利と義務」を定めた党則第七条で、党員の「党首を選出する権利」を明示している。

日本維新の会は、規約の第四条で、「党員は、代表を選出する際の投票権を有する」と明記している。だから、地方議員などのなかには、党員になれば党首選挙に参加できると宣伝し、入党を勧誘している人もいる。しかし最近まで、実際には選挙はされず、創業者一族が党首を続けてきた。けれども二〇二二年八月、規約を守って党首公選を実施した。他党はすべて国会議員票が優位になるような仕組みであるが、維新だけは特別党員（国会議員、地方議員、首長とその候補者など）も一般党員も等しく一票だというから、かなり民主的であった。

こうして現在、日本の主要な政党の間では、党首を党員投票で決めるのが普通のこととなっている。「はじめに」で述べたように、例外は共産党と公明党だけである。

公明党は共産党とほぼ同様、党首（代表）は全国大会で代議員によって選挙されることとなっており、複数の立候補者がいないため信任投票になっているのも共産党と同じである（ただし、この仕組みのため党員は投票できないが、国会議員一〇名の推薦があれば立候補はできるようだ）。

余談だが、私は自民党幹事長だった古賀誠氏の『憲法九条は世界遺産』という本を企画して刊行した際（二〇一九年）、公明党の前代表だった太田昭宏氏に推薦文を書いてもらおうと（太田氏が古賀氏と親しかったし、私が上梓した『改憲的護憲論』の好意的な書評をご自身のブログに書いてくださったからでもある）、議員会館のお部屋に依頼状をお送りした。その直後、秘書から電話があり、「公明党はあなたが所属する共産党と同じで、党の方針と異なることを国会議員が書くわけにはいかない」というお返事だった。

私に言わせれば、共産党が公明党と同じである必要はないと思うのだが、どうだろうか。この両党には共通し、他の党には共通しないものが、どこかにあるのだろうか。

一〇〇年間のうち四〇年間は弾圧と非合法、混乱の時期だった

共産党が現在のような運営システムをとっているのには、歴史的な背景がある。それは私もよく理解しているつもりだ。

マルクスやエンゲルスもかかわってドイツで最初に誕生した共産主義政党（一八六九年、

名称は社会民主労働者党）は、その目的が資本主義のシステムを根本的に転換することだったから、政府から目の敵《かたき》にされるのは当然であった。その党が人気を博してくると、ビスマルクは一八七八年、「社会主義者鎮圧法」（正式名称は「社会民主主義の公安を害するおそれのある行動に対する法律」）をつくって非合法化するとともに、社会主義的な傾向のある出版、結社、集会などを厳禁した。

その制約を打ち破って、ドイツの共産党（名称は社会民主党）は合法化され、国政選挙でも躍進するようになる。ところが、第一次世界大戦が勃発すると戦争賛成の立場をとり、逆に、戦争反対を掲げたレーニン率いるロシアの共産党（名称は社会民主労働党）が力をつけ、一九一七年、実際に革命を成功させた最初の党になる。ロシアの革命は、ヨーロッパのなかでも民主主義が未発達の国での出来事であり、しかも戦時下の革命であったので、普遍化できない経験が多かったのだが、最初に革命を成功させたという事実は、資本主義の矛盾からの脱出を願う世界の人々に勇気と展望を与え、日本をはじめ世界各地でロシア共産党の経験を受け継ぐ共産党が誕生することになったのである。

一九二二年に日本共産党は結成されるが、ドイツなどとも違って最初から非合法の政党であり、かつ成功したロシアの共産主義運動に大きな影響を受けることになる。しかも、活動を開始したとはいえ、小林多喜二の虐殺に代表されるように徹底的に弾圧されて崩壊し、残ったのは投獄された人と亡命した人だけという有様であった。党首について見ると、二二年の創立大会で堺利彦が選ばれたが二三年に検挙されて崩壊状態となり、二六年に再建されて党大会で佐野文夫が委員長となるが、以降、再び弾圧が強まって崩壊したため、戦後の四五年まで大会も開催できず、党首選びどころではなかったのである。

　第二次大戦後、アメリカの占領下で共産党はようやく合法政党になるが、それも束の間であり、占領軍の指令でレッドパージの対象となる。その経過のなかで、ソ連共産党の干渉もあって暴力革命の方針を決めた綱領を持ったり（五一年）、山村工作隊を組織して実際に暴力活動を展開する党員もいたり、どんどん国民から遊離することになっていく。共産党は、徳田球一氏らの主流派と、宮本顕治氏らの反主流派に分かれてしまった（これを「五〇年問題」と言う）。一〇年ほど前に亡くなった私の父もこの時期、宮本氏が左遷されていた九州地方委員会の党組織に所属し（現在の長崎県西海市崎戸町）、三菱の崎戸炭鉱で働きながら、のちに作家となった井上光晴氏などとともに活動していたが、生活苦のなかで離党することになる。

党首公選が「党首の専断」に必ずつながるものではない

共産党がようやく普通の政党らしくなるのは、一九六一年に現在につながる綱領を確定して以降である。共産党の規約は、あとで詳しく述べるように、民主集中制の原則をとり、とりわけ「党内に派閥・分派はつくらない」（第三条）ことを重視している。結成からの苦難の道筋を考えると、六一年の時点でそういう原則を打ち立てたことは当然だったろうし、その後も過去の経験に縛られてきたのは、ある程度は無理もないことだと思う。しかし、それからすでに六〇年以上経っており、他党もこの間に党首選出システムを発展させてきたのである。

それでも党首公選をしない理由について、共産党は二二年八月二三日の党建設委員会名の論文（「赤旗」二四日付。タイトルは「日本社会の根本的変革をめざす革命政党にふさわしい幹部政策とは何か――一部の批判にこたえる」）で、「必然的に、党首のポスト争いのための派閥・分派がつくられていくことになるから」だとして、その根拠の一つに「そうした党首の選出方法をとっている多くの他党の現実」を挙げている。

さらに、この論文の他の箇所では、他党の「党首によって党執行部が決定されるという方式」に比べ、共産党の場合、二〇〇人近い中央委員会が指導部を選ぶので、「個人の専断を排し、集団の英知を結集した……民主的特徴」を備えていると誇っている。

党首公選をすると一方で派閥争いになると言い、他方で「個人（この場合は党首）の専断」が生まれるというのでは、何とも論理が通らない。まず、少なくとも国民の目には、共産党より他党のほうが「党首の専断」の度合いが強いとは映っていないだろう。

例えば自民党であるが、安倍政権時代を通じて改憲一色になったと思われがちだが、二〇二一年の総選挙の際のアンケートでも改憲に賛成という意思表示をしない（何も書かないことも含め）候補者が三％ほどは存在した。逆に、総裁選挙でタカ派色を鮮明にして岸田氏に対抗した高市氏も、岸田政権では党政調会長や大臣として活躍している。立憲民主党は、代表選挙で争った全員が（争ったと言えるほどの違いがあったかは別にして）、その後は役員となった。つまり、この二つの党には、政策的な違いがあっても、それを議論する仕組みがあり、違う意見の人も役員として登用しようという意思があり、それが機能しているのである。「党首の専断」ですべて決まっているようには見えないのだ。

党首公選が派閥・分派に直結するものでもない

では、党首公選は派閥争いを生み出すのか。既述のように自民党の三木おろしの時代直後にはそういう面もあったが、党首公選を重ねることを通じて変容してきたのが現実である。石破茂氏が小さな派閥の長でありながら存在感を持ってきたのも、党員票のかなりを獲得してきたからであり、党首公選は派閥争いで勝てばいいというだけの考え方ではうまくいかないことを自民党に自覚させてきた側面があるのだ。

また、派閥のすべてが悪いものでないことは、共産党自身が認めてきた。志位氏自身、二〇二一年の「赤旗」日曜版新年合併号で、「自民党はかつては保守政党として一定の幅をもっていたけれど、本当に狭くなりました」「安倍政権のもとで自民党は異論が押しつぶされて、モノトーン（単一色）に染め上げられました」と述べている。派閥争いが激しかった時代の自民党を評価しているのである。逆に、みんなが党首と同じことを言っていた安倍政権時代の自民党のことを、きびしく批判しているのだ。これは共産党もモノトーンではなく、「一定の幅」があることを見せたほうがいいと、共産党の党首が言っていることを意味する。

もはや戦前とは異なる。五〇年問題のときのように、暴力革命か平和革命かで争っていた時代とも異なる。六一年綱領確定に至る経過のように、社会主義革命か民主主義革命かで激論を交わしていた時代とも異なる。六一年から六〇年以上が経って、共産党員はみんな綱領と規約を認めているのだ。しかし、複雑な政治の現実のなかで、政策的な違いがあるということなのだ。そして、志位氏が「一定の幅」の大事さを強調したように、党首公選をすれば、「一定の幅」が国民に見えることになるのである。

現在の党首選出システムでは、「一定の幅」を見せることは簡単ではない。共産党の党首を選ぶのは、大会で選出された中央委員会である。中央委員会は大会の決議を実践するために選ばれるが、すでに述べたように、大会決議は「全会一致」で採択されるのだから、中央委員会のなかに政策的な争点は生まれにくいのである。そして中央委員はすべて党の仕事に日夜励む専従者であり、党から給与をもらっている。

全党員が党首選挙に参加するということは、どの党であれ、そこが違うのである。国会議員や専従者が投票するのではなく、住んでいる地域、働いている職場の現場の感覚が分かり、自分の生活は自分の収入で支え、国会議員や党中央に忖度《そんたく》する必要のない人が投票することになるのである。だから普通の国民の感覚と近い結果が生まれるので、国民の支持を得て活動する政党にとって、大事なシステムになっているのだ。

（2）党員の個性が尊重され、国民には親しみが生まれる

党首公選が数年に一回は実施され、何人かが自分の政策を掲げて出馬し、活発な議論がされることは、党内外にいい影響を与えると思う。国民から見れば、「共産党は異論を許さない」「怖い」というイメージがあるが、それが目の前で払拭《ふっしょく》されていくことになる。党員にとっても、最終的には党の決定に従って活動するわけだが、自分と同じ考えの人もいれば違う考え方の人もいることを目撃することで、もっと自由に思考してもいいことが分かり、個性をもっと発揮しようとして活性化することになる。政策的な意見の違いが公開の場で議論されることは、それほど重要なことである。

「この政策だけが正しい」という単純な問題は少ない

例えば、「はじめに」で論じたことだが、ウクライナへの防弾チョッキ供与の問題を取り上げてみよう。田村智子政策委員長が当初は「反対しない」と述べたが、翌日には「賛成できない」と態度を変えた問題である。

政治にかかわる難しい問題が起きたとき、政党には何らかの回答が求められる。その回

答が複数あって、互いに矛盾しているというのでは、政党としての責任は果たせない。だから、防弾チョッキの問題にしても、最終的に党が対応を一致させることは大事である。けれども、この種の問題は、たとえ対応を一致させたとしても、どちらかの対応だけが正しく、別の対応は間違っているというような、単純な問題ではない。共産党は、ロシアの侵略に反撃するウクライナを支援するが、憲法九条を持つ日本は非軍事的な支援に徹すべきだという立場から防弾チョッキ問題での態度を決めたわけで、それはそれで一つの判断だが、それが一〇〇％正しいというわけでもない。

なぜかと言えば、現状を見れば誰にも分かるように、ウクライナがいままでロシアの侵略に抵抗できているのは、アメリカやＮＡＴＯ（北大西洋条約機構）諸国からの軍事支援があるからである。もちろん、難民支援などもウクライナの存立にとって不可欠ではあるが、軍事支援がなければ、ウクライナが戦前に保有していた弾薬は尽きていたし、侵入してきたロシアの部隊や国内に建設された軍事基地に反撃することは不可能だったはずだ。すでにウクライナはロシアの手に落ちていたことだろう。

そんな現実が目の前で進行しているのだから、国民のなかにも、そして共産党員といえども、防弾チョッキ程度ならいいではないかという感情が生まれるのは当然のことである。

田村氏もそうだったのだろうし、共産党の意思決定システムでは、田村氏のような立場であれ個人が勝手に発言することは許されていないので、当初の「反対しない」という見解に同調した幹部も他にいたのだと思う。

そこを一刀両断に「反対」だけが正しいということにしてしまうと、賛成してもいいと感じていた国民も党員も、「お前は間違っているぞ」と批判された感覚に陥ってしまう。そういう国民は共産党を支持しなくなるだろうし、党員は「この問題では自分の意見を口外してはならない」と殻にとじこもってしまうことになる。

だから、この種の問題は、「反対」にも「賛成」にも根拠があることが論じられ、それでもなぜどちらかに決めたのかが明らかにされるべきだ。別にこの問題が党首選挙の争点にふさわしいとは思わないが、党首選挙は党内にもいろんな考えがあり、政策にはそれぞれ根拠があることが伝わるので、国民の共感も生まれるし、党員も活性化するのである。

異なる見解が収斂していく過程を国民に見せたほうがいい

共産党の規約（第三条）には、「党の意思決定は、民主的な議論をつくし、最終的には多数決で決める」とある。さらに、「決定されたことは、みんなでその実行にあたる。行動の統一は、国民にたいする公党としての責任である」としている。その通りである。この「民主集中制」の考え方は、実際にどう運用されているかは別にして、共産党に限らず政党の理想のあり方だ。

同時に、この考え方と党首公選は矛盾しないと思うが、どうだろうか。国民の側は、党員投票で各党の党首が選ばれるのを体験することを通じて、「民主的な議論をつくし」ている様子も、「決定されたことは、みんなでその実行にあたる」様子も、垣間見ることができる。複雑な世界において、いろいろな問題で意見が分かれるのが当然だと国民も思っており、政党内でも意見が闘わされること自体を歓迎するのである。

ところが、現在の共産党について言うと、「決定されたことは、みんなでその実行にあたる」様は嫌というほど見えるが、「民主的な議論をつくし」ているかどうかは見えていない。「党内では民主的な議論をしている」と内部の人が言っても、国民の目に見えなければ、果たしてそれが真実かどうか証明することができないのだ。

例えば北朝鮮問題などは難しいなかでも超一級である。二〇〇四年に小池晃氏が政策委員長になった頃、北朝鮮の拉致・人権問題でどう対応するか、とりわけ経済制裁を科すかどうかが日本政治の焦点となっていた。それが小池氏が初参加する常任幹部会の議論のテーマになったのだが、私は重大な人権問題は国際問題であるという従来の共産党の立場を小池氏に伝え、会議ではその立場から経済制裁にも賛成するという態度で臨もうということになる。

ところが会議が開かれてみると、同調する人がいないどころか、「経済制裁に失敗したら次は軍事制裁だぞ。責任を取れるのか」など批判の嵐だったそうだ。会議を終えて政策委員会の部屋に戻った小池氏が、「常任幹部会の議論は激しいんですね。これに比べると国会の予算委員会なんて、小学校のクラス討論のような水準だ」と発言していたのを記憶している。その激しい議論の様子は、残念ながら外には伝わっていない。

その後、横田めぐみさんの遺骨問題があって、最終的に共産党も経済制裁に賛成していくことになるのだが、こうやって常任幹部会でも意見が分かれるのだし、反対が賛成に変わることもあるのだ。だからと言って、その過程で「決定されたことは、みんなでその実行にあたる」という規約を反故《ほご》にする人は誰もいなかった。

それなら、意見が分かれてもそれが収斂《しゅうれん》していく様子が外に伝わったほうが、よほど国民の理解も広がるだろう。党員も、たとえ最終的には自分の意見が否定されることになっても、その意見にも根拠があったことが分かり、活動への意欲が湧いてくると思う。

現在の常任幹部会でも、かつてのように賛否が入り乱れた激しい議論がされていることと思う。それらすべてを公開しようというのではない。党員投票の党首選挙という、現在の日本で他の政党もやっている場に限定して、それに挑戦してみてもいいではないか。

（3）党員の権利を大切にするために

もう一つは、他のどんな政党よりも、共産党の党員は頑張っているのであるから、党員一人ひとりの権利を大事にしなければならないと感じるからである。

共産党員はかなり忙しい。週に一回の支部会議があるし、機関紙である「赤旗」は自前で配布するのが基本であり、日刊紙は党員が早朝に配るのである。私もかつては週に二回ほど配っており、その日は朝の五時頃には起床していたものだ。集金は相手が不在の場合は何回も訪ねることになるので、配達よりも時間がかかる。選挙になれば宣伝や支持者拡大の仕事が待っている。

その上、おカネの負担も相当なものである。毎月支払う党費は収入の一パーセントとされていて、仮に月収が二〇万円であれば二〇〇〇円であり、年間では二万四〇〇〇円にもなる。年金生活者など収入が少なくても月に五〇〇円を納めることとされており、年額六〇〇〇円にもなる（特例的にゼロにする措置もできているようだが）。また、これは党員にならないと分からないことだが、党費以外にも各種の負担金がある上に、県や地区によって事務所の維持費などで分担金がある。選挙になればカンパを求められる。人によるだろうが、毎月の党費よりもそれ以外の負担のほうが多いと思われる。「赤旗」（月額は日刊紙が三四九七円、日曜版九三〇円、合計四四二七円）を購読する規約上の義務はないが、ほぼ全員が購読しているのが現実である。

党員はこうした負担に慣れっこになっている面もあるが、他党と比べると、その多額ぶりは一目瞭然である。自民党の党費は年額が四〇〇〇円であり、立憲民主党などは広報紙代金も含めて同じ四〇〇〇円である。その他、日本維新の会が二〇〇〇円、国民民主党は四〇〇〇円である。なお公明党は年額三〇〇〇円であり、別途機関紙の購読が推奨される。これらの党は平均して共産党の一〇分の一程度だと思われるが、それを払えば党首選挙に際して投票できる（公明党を除く）ということで、党勢を拡大する手段として魅力的なものとなっている。社民党だけは毎月の党費が一〇〇〇円を超え（四〇歳未満が一三〇〇円、四〇〜六〇歳未満が二〇〇〇円、六〇歳以上が一〇〇〇円）、共産党に近づいてくるけれども、党首選挙に投票できる協力党員になれば年額六〇〇〇円で済む。

どの党よりも共産党の党員は献身的に活動していると思う。共産党を嫌う風潮がいまだに根強く残っている日本で、文字通り歯を食いしばって頑張っている。

規約には「すべての指導機関は、選挙によってつくられる」（第三条）とあるし、党員には「党内で選挙し、選挙される権利がある」（第五条）とも明記されている。それならば、「どんな事情があれ共産党の場合は党員投票は認められない」という強固な根拠がない限り、党員投票の党首選挙を実施すべきではないのだろうか。

3　党首公選が党の自己改革を促していく

共産党は「自己改革の党」だと言ったのは宮本顕治氏である。党首公選自体が自己改革になるし、その実施を通じて、共産党の自己改革はさらに進んでいくと思っている。

（1）自己改革なしに党首公選は成功しない

ヒラの党員が立候補できる制度なら画期的

自民党や立憲民主党の場合、国会議員であることが党首選挙に出るための最低限の要件である。その上で、国会議員二〇人の推薦が必要なのである。

共産党の現行規約は、党首を中央委員会で選ぶこととされているが、ということは、党首は中央委員であることが前提になっているように見える。これまでの実際の運用もそうである。つまり、現行規約のままでは、党員投票の党首選挙が実現したとしても、党首である委員長に立候補できるのは中央委員に限られるという可能性があり、それなら私などヒラの党員は立候補することができない。

しかし、規約をつぶさに読むと、党首は中央委員会が選ぶとされているだけで、中央委員のなかから選ぶと明記しているわけではない。それならば、ヒラの党員が立候補しても、規約に反するとまでは言えないのではないか。いや、規約上の問題があるならば、党首公選の結果が尊重されるよう、二〇二四年一月の党大会で規約を改正すればいいのである。

ヒラの党員の立候補を認める実例もある。社民党だ。社民党の場合、所属している都道府県連の推薦が不可欠だが、プラスして必要なのは国会議員の三分の一の推薦か、それが無理なら党員二〇〇人の推薦でもいいことになっている。だからこれまで、国会議員でも役員でもない石川大我氏（当時は東京都豊島区議会議員、現在は立憲民主党所属の国会議員）が立候補し、党首選挙を闘った実績がある。

共産党の場合、他のどの党よりも、国会議員や役員と比べて、現場の党員の努力に依存している政党である。だから、ヒラの党員であっても、党員一〇〇〇人程度の推薦を獲得できれば党首選挙に立候補できる仕組みが必要だと思う。それが実現できれば、どの党よりも党員の権利を尊重している党として、国民の見る目が変わっていくかもしれない。

ヒラの党員は所属する支部の党員にしか働きかけができない

さて、党首選挙が行われることになり、私のようなヒラの党員でも立候補できる仕組みになったとしよう。そして、現職の委員長である志位氏にくわえ、私が立候補の届出をすると仮定してみよう。現在の規約の解釈がそのままでは、まったく選挙らしい選挙にならないまま、志位氏の圧勝に終わることになると思う。いや、それ以前に、私が立候補に漕ぎ着けることができるかが、そもそも怪しい。

先ほど書いたように、仮に立候補には一〇〇〇人の党員の推薦が必要であるとされたとして、志位氏はそれを楽々とクリアーできるだろう。中央委員による総会が開かれると、いつも志位氏が報告を行うが、つねに中央委員の全員が賛成しているから、二〇〇人近い中央委員は全員が推薦者として名前を連ねると思われる。志位氏の仕事を支えている党本部の勤務員だって、何百人という規模である。一〇〇〇人どころか、何万人という推薦者を確保することだって容易である。

では、私はどうだろうか。私は、自分の訴えがそれなりに党員の心に響くことを期待しているし、一〇〇〇人程度なら推薦してくれる可能性があるという確信はある。けれどもヒラの党員である私は、自分の所属している支部の党員にしか推薦をお願いするための働きかけをすることができない。それが規約の定めなのである。私はある職場の支部に属しているが、そこには十数名の党員しかいないから、推薦者になってくれる人がいるとしても、せいぜい一〇名くらいが限度なのだ。

私の支部の周りには、他にも多くの支部がある。職場の支部もあるし、地域の支部もある。しかし、一般の人には理解し難いだろうけれど、私が隣の職場、地域の支部の会議に出かけて行って、そこで推薦をお願いする行動をとれば、何らかの処分が下されることになる。志位氏が同じことをしても問題にならないが、ヒラの党員がやれば問題になる。それが現行規約の構造なのだ。

「民主集中制」という仕組み

　これを生み出しているのが、規約の根底にある「民主集中制」という考え方である。これを規定した規約第三条全文を引用してみよう。

「党は、党員の自発的な意思によって結ばれた自由な結社であり、民主集中制を組織の原則とする。その基本は、つぎのとおりである。

（一）党の意思決定は、民主的な議論をつくし、最終的には多数決で決める。

（二）決定されたことは、みんなでその実行にあたる。行動の統一は、国民にたいする公党としての責任である。

（三）すべての指導機関は、選挙によってつくられる。

（四）党内に派閥・分派はつくらない。

（五）意見がちがうことによって、組織的な排除をおこなってはならない」

　これだけを見ると、常識的なもののように思える。少なくとも先ほど私が書いたような大げさなものだと感じる人はいないかもしれない。しかし、ここにある「党内に派閥・分派はつくらない」という規定は、かなり厳格に運用されているのだ。

　問題を矮小化《わいしょうか》してしまう可能性があるが、分かりやすいので、ある一例を紹介しよう。

　私が党本部の政策委員会で仕事をしているとき、本部の建て替えがあって、建て替え後にそれぞれの部屋に何を置いていいかが発表された。火事の危険を避けるため、発熱する器具は置けないとされ、それまでは部屋にあった冷蔵庫も撤去されることになったのだ。ところが、新しい建物で仕事を開始してみると、冷蔵庫を置いている部屋もある。そこで私は、建て替えの仕事に責任のある幹部のところを訪ね、「あの部局に冷蔵庫があるのだから、政策委員会にも置かせてほしい」と頼んだ。そうすると、その幹部は、「なぜあの部局にあることを知っているのだ。他の部局と連絡をとることは分派につながる行為だ」と私を批判したのである。さすがに処分まではされなかったけれども。

　戦前の共産党では、特高警察の拷問などで他の党員の名前などを自白したら芋づる式に検挙されることになるので、できるだけ他の党員のことを仲間にも知らせないようにした過去がある。戦後は、すでに紹介した「五〇年問題」があって党が分裂し、耐え難い苦しみを味わった。民主集中制はその教訓を踏まえてつくられ、運用されてきた。

　これは党の方針を批判できないということではない。規約で党員の権利と義務を定めた条項（第五条（六））は、「中央委員会にいたるどの機関にたいしても、質問し、意見をのべ、回答をもとめることができる」としており、その権利を行使している党員もいる。しかし、こうやって中央委員会などを批判することはできるし、批判の内容などを自分が所属する支部の会議や、代議員として選ばれて参加する地区、県の党会議で表明することはできるが（「党の会議で、党のいかなる組織や個人にたいしても批判することができる」〔同前〕）、周りの支部、周りの党員と連絡をとり、話し合うことは許されていないのである。

期間限定で規約の解釈を緩める必要がある

同時にこれは、万が一、私が一〇〇〇人の推薦人を集め、党首選挙が実施されることになっても、同様につきまとってくる問題である。全国の党員に対して、どうやって支持を訴えるのかで、ヒラの党員は圧倒的な不利にさらされるのである。

さすがに、他党が行っているようなことは、共産党の党首選挙でもやることになるだろう。立候補の記者会見とか、各地の遊説《ゆうぜい》などである。それらの回数や時間などで私が差別されるようなことにはならないと思う。いろいろなメディアも平等に扱ってくれるはずだ。

しかし、志位氏は、「赤旗」をご覧になれば分かるように、連日、紙面のかなりのスペースで登場している。記者会見をしたり、遊説を行ったりして、その内容が詳細に報道される。それが党首選挙に関連したものであれば、私も同じスペースで登場したいと要望できるだろうが、関係ないということになると、私は「赤旗」では扱われることなく、せいぜい自分のブログで孤軍奮闘するしかない。毎日読みにくる人が一〇〇〇人を超える程度のブログと、日刊紙と日曜版を合わせると一〇〇万もの読者を抱える「赤旗」を比べれば、とうてい太刀打ちできるはずがない。

だから、ヒラの党員も含めて党首選挙が行われたとしても、現在の規約の仕組みでは意味のある選挙になりにくい。立候補の受付から選挙終了までの期間、規約の解釈を変える必要があるということだ。以下のような措置が求められるだろう。

a、推薦人を集めるために他の支部の党員にも働きかけるのを許すこと。

b、働きかけるための手段の一つとして、「赤旗」を使用するのを許すこと。

c、「赤旗」の使用は候補者全員に平等にすること。

（2）政策的な違いがあることを前提とした運営を行う

うまくいけば期間限定を外してもいい

以上のような提案が実現したとしても、私が党首になれる可能性は、残念ながらほぼ皆無であろう。平等に政見を訴える機会があったとしても、選挙期間中の限定なので、せいぜいわずか一か月程度のことであるから、そんなに理解が広がるはずがない。

私が期待しているのは、期間限定であってもそんな選挙が実現し、党が活性化することである。議論が活発に行われるようになり、それでも議論が終われば、心地よく行動の統一が図れるような党になることである。そのための第一歩になればと思うから、おそらく批判も渦巻くだろうし、私にとっては苦痛のほうが大きいだろうが、あえてこんな本を書いているのである。

私は七三年に大学に入学し、まず共産党傘下の日本民主青年同盟に入ったが、自由な組織運営がされていることにびっくりした。国政選挙が始まると、では共産党の政策を学びましょうということになるのだと思ったが、そうではなくすべての政党の政策を平等に学んでいた。政党ごとに担当者を決め、「我が党が正しい」と全員が主張し、議論を闘わせるのである。必ずしも共産党が正しいという結論になるわけではないが、そんな自由を認めてくれる共産党には敬意を感じることができた。

やがて私は、大学の党に入ることになる。そこで驚いたのは、物事を深く考えている党員がなんと多いかということだった。年間の方針を決める会議に出される文書は分厚く、大学をめぐる問題だけではなく、国際情勢までもみっちりと書き込んでいる。「赤旗」では見られないような独自の分析もある。先輩の党員のなかには、共産党の月刊誌の表紙に

「理論政治誌」という性格づけが書いてあることを持ち出し、「理論を政治に従属させるものであり、正しくない」と厳しい批判を浴びせる人もいた。それでも選挙になれば、みんな同じ場所に寝泊まりして、チラシの配布や支持者の拡大などに奮闘するのである。

もし、規約の解釈を柔軟にした党首選挙の期間限定の取り組みが成功し、「今後もこの方向で発展させよう」ということになれば、次の党首選挙も党員投票で行うことになるだろう。それがくり返されれば、期間限定でなく日常的な党運営もこのやり方で、というものが見つかるかもしれない。

異なる政策の人でも役員に登用する

党首公選が可視化するのは、党内には政策的な違いがあることだ。だから、党首公選を重ねることを通じ、異なる政策を持つ人も中央委員に登用するなど、党内に政策的な違いがあることを前提とした運営になるのではなかろうか。

現在の党首選出システムでは、そのような運営は簡単ではない。党首を選ぶ権限を持つ中央委員会は、大会決議に全会一致で賛成してきたので（反対も可能なのに）、常任幹部会が推薦する党首に対して、「自分は政策が異なる」と主張できる立場にない。それ以前に、中央委員会を選出する全国大会が、党内に存在する異論を可視化するようになっていない。「はじめに」でも述べたことであるが、例えば、現行のシステムでは、意見の異なる党員が二割ほどいるとしても、支部で一人の代議員を選ぶとすると、選ばれるのは現在の政策を支持する八割の多数派のなかからである。全国的な問題なので、異なる考え方の党員がどこかの県では急増するということはなく、どの支部でも平均的に二割程度ということになるだろうから、そういう考えの人は誰も支部段階で選ばれることはない。

そのため、全国大会（都道府県党会議も地区党会議も）の場に集まる代議員は全員が現在の政策支持派となり、残る二割の声は大会に反映されない。そして中央委員の選出では、常任幹部会が現在の政策を支持する人の名簿を作成し、大会に提案する。現在の政策を支持しない人は推薦されないし（そもそも会場にいない）、万が一異論を唱えて立候補する人がいても、投票する代議員は現在の政策を支持する人だけなので、ほぼ間違いなく落選する。こうして現在の政策を支持する人だけが、ずっと役員を構成することになっていくのである（党指導部が二割の考えの人を中央委員として登用する意思のある場合を除いて）。

しかも、自分と同じ考え方の党員が全国に二割いると知っていれば、その声を尊重せよと要求することもできるが、実際上それは不可能である。なぜなら、すでに述べたように、現行規約では党員が所属する支部以外の党員と話し合ったりすることは許されておらず、どんな考えの党員がどこにいるかを探すこともできないからである。異論の存在やその広がりを知っているのは、共産党のシステムの上では、全国の支部と地区、都道府県の党組織のすべてを把握できる中央委員会だけなのである。

その結果が問題である。国民の目から見ると、共産党は異論のない（あるいはそれを許さない）政党だとみなされるのだ。そこを克服しない限り、国民の支持をつなぎとめることは難しいだろう。

「赤旗」の「討論の広場」欄の新設および電子化

「赤旗」の内容に関して言うと、現在は、党の公式見解の広報紙という性格である。それは政党の機関紙として間違いではない。しかし、これまで述べてきたように、党内には異論が存在し、その異論にも全面否定できないような根拠がある場合が少なくない。それなら、何らかのかたちでそれを「赤旗」にも出すようにしたほうがいい。

後述する自衛隊活用論のように、第二二回大会で決めたがその後、事実上否定され、しかしいまでは復活しているような政策もある。それなのに一つの見解しか報道されないと、別の見解が正式に採用されたとき、「なぜ突然、新しい見解が出て来るのか」と疑問が生じてしまう。日常的に「赤旗」でそんな異論もあることが報じられていれば、党員も自然に受け止められるし、一般読者も共産党の幅広さを知ることになろう。

そうはいっても、党の公式見解と同じように扱うわけにはいかないと思う。だから、「討論の広場」欄などの名称で新ページを設けることを提案したい。共産党にとって耳の痛い意見でも掲載する欄である。掲載されている内容が共産党の見解とは異なることが明示されていれば、党員が間違って解釈することはないだろうし、外の意見もちゃんと聞いていることを示すことで、イメージアップにもつながるに違いない。

なお、「赤旗」の電子化は急務だ。すでに電子版の「赤旗」は存在しているが、紙の「赤旗」の今後の発行の是非については早期に結論を出す必要がある。

もちろん、党と党員の負担という問題が存在するのも、一つの理由ではある。購読者の減少に伴い、日刊紙が大幅な赤字となって久しい。日曜版の黒字によってなんとかしのいでいると言っても、出せば出すほど赤字というのでは、党の財力は確実に奪われていることになる。党員による配達が基本であるから、高齢化に伴う困難も拡大している。

同時に、購読者が減っているのは、党勢の後退のあらわれという面はあるのだが、それだけではないことが問題である。メディアの世界で紙の新聞の発行部数がいずれも急減し、急速にネットに移行しているように、政党が国民とつながる手段として紙の媒体を主力と位置付けるのが正しいのかという問題なのである。主にはネットで国民とつながるという決断をしないと、政党としての役割を果たせなくなっていくのは明らかである。

その決断をどこかで行い、早く公表し、それに伴う各種の措置を段階的に講じていくべきだ。例えば、ネットに不慣れな高齢の読者のために、専用の安価なタブレットを開発することなどである。日曜版は、財政的に問題がないし、私の経験からしても、月に一度の集金などで読者とつながるのはいい機会なので、とりあえず現状維持で良かろう。

非専従者の役割を重視した意思決定機関の改革

最後に、中央委員会、都道府県委員会、地区委員会に至る機構の改革である。この種の機構が少なくない問題を抱えていることは耳にするが、私自身は、これまで都道府県・地区委員会に勤務した経験がなく、自信を持って言えることは少ない。党首になったら、幅広く意見を聞き、議論を行い、より具体的な研究もしたい。失敗できないことなので、どこかの県で試験的に実施し、成功例を全国に広げるようなやり方も選択肢だろう。

どんな改革が必要かといえば、異論が出しやすくするための改革である。その一環として、一つだけすぐにでも実現したいのは、中央委員会での非専従者の役割を重視することである。具体的には、その半数は非専従者が担うようにしたらどうかと考えている。

すでに紹介したことだが、現在、二〇〇名近い中央委員は、党中央から給与を得ている。その規模を現在の財政力にふさわしく減らすとともに、過半数については、別に職業に就いている人、あるいは年金生活者で構成し、せいぜい若干の手当てを支払う程度に止めるのだ。そのことによって、専従者だけが会議に出席するのとは異なり、働いている現場、生活している現場の声が反映しやすくなる。また、専従者の場合は、給与のすべてを党中央に依存していることもあり、提起された方針に反する意見を述べることにはそれなりの勇気がいるが、経済的に党中央に依存していない人ならば、そこを気にしないで済むので、活発な討議がされる可能性が高まるだろう。

幸いなことに（本当は、残念なことに、なのだが）、党員の高齢化がどんどん進み、職場で何十年も経験を積んだ年金生活者が増えている。この種の改革は、党のそういう現状があるからこそ追求できることでもある。政治を変えたい、そのために党を強くしたいと考え、知恵と意欲を持っている人が多くいるうちに、なんとか実現したいのである。

なお、党首を含め中央委員の年齢は、選出時に六〇歳代以下とすべきだ。共産党は高齢化しているが（中央委員一九三人中、選出時に六〇歳を超えていた人が一一九人、七〇歳を超えていた人が三九人にもなる）、だからこそ指導部が若返ることで、若い世代にとって身近な政党になるべきである。一九五五年二月四日生まれの私が党首選挙に出馬できるのも、二〇二五年の二月三日までということになる。また、女性の数が中央委員の半分に近づくよう努力する。他党の場合、幹事長などの役員は党首が決めるが、共産党の場合、中央委員会が決めることになっている。党首と中央委員会の関係が問題になるが、試行錯誤して決めていけばいい。

（3）理想の社会は理想の組織運営が生み出す

第二二回大会で現行規約を決める際、提案を行った不破哲三氏は、規約の精神を次のように述べていた。

「上からの一方通行ではなく、いわば循環型の関係で党活動が発展するというのが、規約が実際にとりきめているあり方です」

すばらしい考え方である。これをさらに発展させ、党員一人ひとりが自分の意思で、党のためにはこれが正しいと自由に行動することが、結果として党の前進につながる——そんな党運営のあり方を見出すことはできないものだろうか。

　本書を手にするような方なら、思想家の内田樹《たつる》氏のことはご存じだろう。私は、3・11の福島第一原発事故のあと、国と東電に責任を取らせることを目標にして開始された「生業《なりわい》訴訟」（『生業を返せ、地域を返せ！』福島原発訴訟）に関わり、裁判のたびに傍聴できない原告のために講演会を開催してきた。その講師の一人であったのが内田氏である。

　内田氏は、その講演で理想の社会をめざすことと、それを担う組織のあり方に論を進めた。内田氏はまず、自分も関わったかつての学生運動のことを持ち出した。

「かつての過激派学生たちは、過激な言動を弄して、いまある社会制度はあれもダメだこれもダメだ全部ダメだと否定していた。『理想的な社会はかくあるべきだ』と出来もしないことを言っていた。でも、足元の自分たちの組織はしばしばきわめて非民主的で、集権的で、抑圧的なものでした」

　その上で、内田氏は次のように述べたのだ。それが今でも印象に残っている。

「僕はその時に、この非民主的で、集権的で、抑圧的な政治党派が仮に政治的成功を収めた場合、彼らがつくり出す社会はやはり非民主的で、集権的で、抑圧的なものにならざるを得ないだろうと思いました。自分たちがどのような未来社会をめざしているのかは、いまここで、その未来社会をめざしている当の運動組織が示さなければならない。その運動組織そのものが未来の『あるべき社会』の萌芽的形態でなければならない。理想を先駆的に実現していなければならない。僕はその時、そんなふうに思いました。でも、もちろん僕のそんな青臭い議論に取り合ってくれる政治運動は存在しませんでした」（「3・11は日本に何を問いかけたのか」、かもがわ出版『福島が日本を超える日』所収）

　私の議論も青臭いかもしれない。しかし、理想としては認めてもらえるのではないか。そして、理想であるならば、どうやったら実現できるかを真剣に考え、真剣に議論し、真剣に実践しなければならない。試行錯誤のなかから、なんらかのものを生み出さなければならないと思うのだ。

第二章　私には立候補する資格がある

本書を手にとってくださる方の多くは、私の名前など見たことも聞いたこともないだろう。どこかの跳ね上がった党員が大言壮語しているだけと感じるかもしれないし、その感想はあながち間違ってはいない。共産党にとっての党首公選は現状ではまず可能性がないだけではなく、たとえ実施することになった場合も、私のようなヒラの党員が立候補して全国の党員から支持を集めて当選するなど、あまりに現実味のないことのように見える。

しかし、私には党首公選を求め、実施されれば立候補する資格だけはあると考える。政権をめざす共産党にとって大事な二つの問題が、直接に私とかかわっているからだ。

一つは、共産党と私との間で意見の違いがあることは、すでに一八年前に党の手で公開されており、私は党内に異論が存在することの象徴のようなものになっているからである。共産党内には異論が存在しないから党首選挙など必要ないと思っている人も少なくないが、私はそういう思い込みから外れた存在である。

もう一つは、その異論の内容が、安保・防衛問題、自衛隊問題という、共産党内に存在する異論のなかでも最大級のものだからである。そしてその問題が、国政の先行きを占う焦点でもある野党共闘の障害となっていて、国民が共産党に感じる不安の中心的な問題だからである。

共産党が党首公選を実施することにより、この問題が国民の目の前で議論され、野党共闘の障害を取り除いていけるなら、野党連合政権を現実味を持ったものとする可能性が高まる。さらにそれは、共産党に対する国民の不安を取り除いていくことによって、共産党自身への支持を広げることになると確信している。

1　共産党内の異論の存在を私は体現している

「非武装中立」の社会党ではなく「中立自衛」の共産党に惹かれた

安保・防衛問題は共産党の歴史と私の人生の歩みとが重なり合っている分野に存在する。さらにそれは、「民主集中制」という共産党の組織原則をどう捉え、どう実践するかにもかかわっている。

私が共産党に入った一九七四年は、まだ強力な社会党が存在し、大きな影響力を持っていた。その社会党が「非武装中立」を政策として掲げていたのに対して、共産党は「中立自衛」を基本政策としていた。どんな国家にも自衛権は存在するし、侵略されるようなことがあればあらゆる手段で抵抗する、憲法九条は「軍国主義の復活にたいする重大な制約」になっているので当面は擁護するが、九条は同時に「自衛権の行使にあらかじめ大きな制約をくわえたものであり、憲法の恒久平和の原則をつらぬくうえでの制約ともなりうる」ので、日米安保条約を廃棄して日本が主権を確立したあかつきには、主権を守り抜くために憲法改正も辞さない、というのがその政策の核心であった（「民主主義を発展させる日本共産党の立場」、新日本出版社『日本共産党と憲法問題』所収、一九七五年）。

私は、その論争を外から眺めていたが、攻められたら降参するとして日本の主権や国民の命に責任を負わない社会党ではなく、共産党に魅力を感じて入党したのである。

大学を卒業後は、共産党傘下の日本民主青年同盟の専従活動家になり、国際部長などを経験して、ソ連や中国などどんな社会主義国の権威も認めない共産党の「自主独立路線」に確信を抱いた。ソ連のアフガニスタン侵略や米ソの核軍拡競争を批判するため、外交論や安全保障問題の勉強もすることになった。その後、金子満広書記局長（当時）の国会秘書となり、一九九四年に党本部の政策委員会で安保・外交分野の仕事をすることになる。

共産党の憲法問題での大転換のときに党中央で担当者に

この九四年は、共産党の安保・防衛政策の大きな転換の年だった。第二〇回党大会が開かれ、憲法九条は共産主義の理想に合致しているとして、将来にわたって堅持する方針を打ち出したのである。九条はそれまで「憲法の恒久平和の原則をつらぬくうえでの制約」（前出「民主主義を発展させる日本共産党の立場」）だったのに、評価が一八〇度変わったのだ。

この転換をどう評価するかは別にして、憲法九条を堅持するという新しい見地のもとでは、「侵略されたらどうする」という問題への回答も変わらざるを得ない。その結果、かつての社会党と同様、「警察力や自主的自警組織」で対処するのが基本だということになっていく。「非武装中立」ということである。

「中立自衛」政策に誇りをもって共産党に入ったのに、その共産党の本部で安全保障政策を担当することになった途端、かつての政策は否定されたのだ。「警察力」はともかく、「自主的自警組織」とは戦前唱えられた住民による竹槍国防論のようなものであり、国民に堂々と説明できるようなものではない。

私は、九条を将来にわたって堅持するという方針転換には賛成であった。とはいえ、九条の理想を貫けるような世界が出現するまでの間、万が一の侵略にどう対応するかの説得力ある回答は必要だと思っていた。しかし、その答えがないため、「侵略されたら共産党はどうするのか」という国民からの質問があると、立場上、「非武装中立」を批判することもできず、「外交で何でも解決できるのです」という種類の回答をして悶々とする日々が続くことになる。

自衛隊活用論が決まったのに意見が衝突した

しかし、そういう時期は、長くは続かなかった。侵略されたり大規模災害があったときには自衛隊を活用することに賛成すると、二〇〇〇年に開かれた第二二回大会で決まったのである。万が一の際の回答が示されたということだ。だから私はその後、憲法九条を堅持するということと、侵略されたら自衛隊を使って国民の命を守るということ、その両方を重視するという観点で、論文を書いたり講演をしたりしていた。

国民多数の目から見れば、これは当然のことだろう。しかし、この決定は、党内では評判が良くなかった。共産党ウォッチャーならずとも、共産党の方針はいつも「全会一致」で決まるところに特徴があると国民は理解していると思うが（報道されない県や行政区単位の会議ではまれにそうでもないこともあるのだが）、第二二回大会は、共産党が現在につながる基本方針（六一年綱領）を確立して以降初めて、一人の代議員が堂々と「保留」を表明した大会であった。共産党の代議員選出システムは、「はじめに」で述べたように、過半数に達しない異論の持ち主は選出されにくいので、この人物が代議員に選出されたということは、それだけ異論の多さを証明しているのである。

　異論の強さは私自身も体験していた。私はこの問題の担当者だから、当然、いろいろな党組織の会議に呼ばれ、大会の決議を説明する仕事をしていた。しかし、多くの場合、参加者は大会決議への異論を主張してきた。「憲法違反の自衛隊を活用するなどとんでもない」という意見がほとんどである。会議に参加した一〇〇人、二〇〇人からそういう意見がいっせいに寄せられるのだから、私は「糾弾会」に参加しているようなものである。それほど強い批判を浴びせない人でも、「中央が決めたことだから仕方がない。中央の気迷いが通り過ぎるのを気長に待とう」という感じであった。

　それでも私は、個人（憲法学者なども含め）や市民団体の自衛隊論、憲法論ならともかく、政権をめざす政党の考え方としては第二二回大会の決定は正しいと考え、どんなに批判されても、大会決定の立場で説明してきた。この自衛隊活用論は、志位氏が書記局長として大会に報告し、採択されたものだから（採択直後に委員長に選出）、私は、志位氏と同じ立場を述べているのだとばかり思っていた。ところが、それは完全な勘違いであることが、やがて明らかになる。そして結局、その問題をめぐって志位氏と意見が衝突し、私は安全保障の担当者として責任を果たせないと考えて退職することになるのである。

志位氏は「安保条約が存在するもとでは自衛隊は活用しない」

意見の違いが表面化したのは、二〇〇五年春、私が党の月刊誌『議会と自治体』（四月号）に寄稿した「九条改憲反対を全国民的規模でたたかうために」というタイトルの論文をめぐってであった。これは、改憲問題が日本政治の焦点となってきた局面において、国民世論が九条も大事だが自衛隊もリスペクトしているという現状を指摘しつつ、共産党が一方では九条を堅持しており、他方では侵略されたら自衛隊で日本を防衛するという立場に立っているが故に、共産党は九条支持派と自衛隊擁護派をつないで護憲の多数派をつくる特別に重要な役割が果たせるという趣旨のものであった。

この雑誌は共産党の地方議員向けという読者が限定されたものだが、現場の共産党員からは「周りにいる自衛隊肯定派の人にも護憲を訴えられるのがうれしい」と好評で、中央委員会が発行する新聞「赤旗」の日刊紙、日曜版読者全員向けに増刷して配布するような地区党組織も生まれた。

ところが、雑誌の刊行直後、志位氏からこの論文は共産党の立場から大きく逸脱しているとの批判があり、雑誌の次の号に自己批判文書を載せるよう求められたのである。

志位氏の批判の根拠は、侵略されたら自衛隊で防衛するという党の立場は、安保条約が廃棄されて以降の方針であって、それ以前にも自衛隊を使うという私の考えは間違いだというものであった。私の論文には「自衛権や自衛隊には反対しない」とあるが、安保条約下では自衛隊反対が基本的なスタンスだとも言われた。それに対して私は、自衛のためではないのに自衛隊を使うのは間違いだが、侵略された場合は安保条約があるかないかにかかわらず自衛隊を使うのが当然だと主張し、議論は平行線を辿《たど》ることになる。

結果として意見は異なるままだったので、私は「自己批判書は書かない。どなたか幹部が私を批判する論文を載せれば良いではないか」と提案した。それに対して志位氏から、意見の違う問題は留保したままにするけれども、論文中に自衛隊が違憲だと書かれていないことだけは自己批判せよと求めがあり、そこでは合意することになる。

共産党の歴史のなかで、党の雑誌に自己批判文書を載せたのは不破哲三氏と上田耕一郎氏（故人）の二人だけであり、三人目に名を連ねるのは名誉なことであった（なお、志位氏から私への批判の内容を書いているが、直接ではなくすべて小池晃政策委員長（当時）などを通じて伝えられたものである）。

こういう経緯があったが、そこはさすが共産党である。自衛隊活用をめぐる中心問題で意見の違いが残されたのに、それを理由に処分されることはなかった。そして、「今後の実践」を通じてどちらの意見が正しいかは明らかになるだろうから、違いを留保して活動に励めというのが、当時の暫定的な結論だった。そして私は退職し、別の分野で「今後の実践」を開始することになる。

2　実践を通じて共産党と私の溝は埋まった!?

出版社に入り、関連の本をつくってつながりも広げる

私の再就職先は出版社であった。そこで私は、憲法九条や自衛隊、安全保障をテーマにした多くの書籍を編集し、専門家との関係を広げることになる。

最初につくったのは『我、自衛隊を愛す　故に、憲法9条を守る』（かもがわ出版、二〇〇七年）というタイトルのもので、防衛庁（現在は防衛省）の局長経験者二人と、自民党の国会議員で防衛政務次官をしていた箕輪登氏（故人）を著者とするものであった。本の

帯に載せる推薦文は、元自民党幹事長で防衛庁長官も経験した加藤紘一氏（故人）に書いていただいた。幸い多くの反響があって七刷となり、自衛隊と九条を共存させるという訴えに対して、それなりの国民の共感があることを理解できた。この本は「国防」を一つの主題としていたが、自衛隊の海外任務をどう考えるかという問題では、国連ＰＫＯで武装解除部長を務めた経験のある伊勢﨑賢治氏（東京外国語大学教授）にお願いし、『自衛隊の国際貢献は憲法九条で』（かもがわ出版、二〇〇八年）を書いていただくことになる。

現在につながる転機となったのは、防衛省の中枢にいた柳澤協二氏（元内閣官房副長官補）との出会いだった。柳澤氏は、小泉純一郎首相がイラクに自衛隊を派遣した際、実力を買われて内閣官房に引き上げられ、その後、安倍晋三氏（第一次政権）、福田康夫氏、麻生太郎氏に仕えて退職した方である。民主党の鳩山由紀夫政権が抑止力問題で迷走する過程で、沖縄には抑止力としての海兵隊の存在は不可欠ではないとする論考を朝日新聞に書かれたのを見て、『抑止力を問う』（かもがわ出版、二〇一〇年）の執筆をお願いした。

この本は、柳澤氏と防衛大学校教授など六人の防衛スペシャリストとの対話として実現することになる。その対談相手の一人で、テロ問題の権威でもある加藤朗《あきら》氏（元防衛研究所研究員）との議論のなかで、「日本には憲法九条にもとづく安全保障戦略が必要だ」

ということが語り合われた。

　それに触発され、私自身も『憲法九条の軍事戦略』（平凡社新書、二〇一三年）を上梓することになる。この本は、九条も大切だし自衛隊も日本にとって不可欠だという、共産党の第二二回大会の決定の理解の上で大事だと思った問題で、私なりの到達を打ち出したものと言える。共産党が政権に加わった際に採用すべき政策だと思って書き上げたものだ。

「自衛隊を活かす会」を結成し、事務局長になる

『憲法九条の軍事戦略』を刊行したのは、憲法改正に意欲を燃やす安倍晋三氏の第二次政権が発足した直後であった。護憲のために私なりに貢献しなければと思い、当初、出版社に入ってからつくったつながりを生かし、超党派の九条の会のようなものをつくりたいと考え、何人かに声をかけて賛同も得ていた。しかし、そんな途方もない組織をつくっても、個人では責任をもって運営することは不可能だと判断した。

　その際に頭をよぎったのが、憲法九条下の安全保障戦略を、専門家がオーソライズするようなものに発展させることであった。武器を触ったことすらない私が「憲法九条の軍事戦略」を主張しても説得力に欠けるが、軍事専門家がこの種の問題を議論して提言してく

れるなら、それに越したことはないと考えたのである。そこで、さきほど名前を挙げた軍事専門家三人（柳澤氏、伊勢﨑氏、加藤氏）を呼びかけ人とし、二〇一四年に結成されたのが「自衛隊を活かす会」（正式名称「自衛隊を活かす：21世紀の憲法と防衛を考える会」）である（柳澤氏が代表で、私は事務局長）。

「自衛隊を活かす会」は、現行憲法のもとでの自衛隊のあり方を模索し、提言する会だ。この九年間に二十数回の公開・非公開のシンポジウム、研究会を開催し、三つの提言を公表している。シンポジウムには自民党、立憲民主党、国民民主党、共産党、れいわ新選組、社民党などからも参加があるし、二二年夏の参議院選挙に当たって実施した自衛隊の法制整備に関するアンケートでは、維新の会からも回答を得ている（自民や立憲、共産などからもである）。

　この活動を通じて、私自身、共産党で担当していた頃より、安全保障問題についてずいぶんと考えが発展した。国際政治の研究者はもちろん、元自衛隊幹部との接触も広がったし、いろいろな政党の幹部ともつながりができた。そして私は、共産党が現在の綱領を維持したままでも、あるいは憲法九条を堅持する方針のままでも、他の野党との政権共闘の障害にならないどころか、野党共闘を魅力化する安保・防衛政策を打ち出すことが可能だし、それは必要だと考えるに至ったのである。

共産党による野党連合政府の呼びかけ

一方、志位氏の側、共産党の側も、その後の十数年、試行錯誤を重ねていた。

大きな転機となったのは、二〇一四年の集団的自衛権の一部を容認する閣議決定、それを含んだ二〇一五年の新安保法制に反対する活動を通じて、他の野党との共闘関係が築かれたことである。さらに大事なのは、新安保法制の成立直後、共産党が違憲の新安保法制の廃止をめざし、野党による「国民連合政府」の樹立を呼びかけたことであった。

共産党の綱領は、通《つう》の人にしか分からないことだが、じつは柔軟な政権共闘の考え方をしている。基本政策で一致する政党と「民主連合政権」の樹立をめざすが、基本政策が一致しない政党であっても、当面の大事な緊急課題で協力し合えるなら、暫定的な政権を組むことが想定されている。「国民連合政府」はその試みの一つであった。あるいは、政権が何らかの危機に陥って総選挙に踏み切らなければならない場合、その選挙を管理するためだけの政権共闘も、綱領は許容している。

共産党が本格的にめざしてきたのは、諸悪の根源と位置づける日米安保条約を廃棄する民主連合政府だったので、一九八〇年に同じく安保廃棄を掲げていた社会党が共産党との政権共闘を拒否する態度を明確にして以降、民主連合政府は現実味を失っていた。その影響もあり、九〇年代を前後した一時期、国会では共産党を排除した運営が続くことになり、共産党は他の野党に対して「みんな右へ倣《なら》えでいいのか」と批判を強めることになる。そんな一時期が過ぎ、国会運営に限った野党協力が実現するようになっても、野党の政権共闘など夢のまた夢だったのが、二一世紀初頭の政治の世界だったのだ。

二〇一五年の共産党による野党の「国民連合政府」の呼びかけは、その枠組みを揺るがす出来事であった。野党がこぞって反対した新安保法制廃止の一点で協力できれば、共産党は安保条約廃棄にこだわらないと覚悟したのである。他の野党との間には安保条約でも自衛隊問題でも大きな違いが残されているけれども、野党による連合政権ができた場合、共産党の独自の立場はそこに持ち込まないと約束したのだ。

自衛隊活用問題での大きな転換

この呼びかけは大きな反響を呼び、共産党はいろいろな場所で党の立場の説明を求められる。志位氏は、この構想を発表した直後、外国特派員協会で次のように述べた（二〇一五年一〇月一五日。「赤旗」一七日付)。

「つぎに『国民連合政府』が安全保障の問題にどう対応するかというご質問についてです。私たちは、日米安保条約にかかわる問題は、先ほど述べたように、連合政府の対応としては『凍結』という対応をとるべきだと考えています。すなわち戦争法廃止を前提として、これまでの条約と法律の枠内で対応する、現状からの改悪はやらない、政権として廃棄をめざす措置はとらないということです。

戦争法を廃止した場合、今回の改悪前の自衛隊法となります。日本に対する急迫・不正の主権侵害など、必要にせまられた場合には、この法律にもとづいて自衛隊を活用することは当然のことです」

野党の連合政権では、安保問題での共産党の立場は持ち込まないというだけではない。野党連合政権で新安保法制を廃止しても、それ以前の自衛隊法をはじめとする法律、条約(日米地位協定や思いやり予算の協定も)は残るので、侵略された場合は自衛隊法にもとづき自衛隊を活用するというのである。

先ほど述べたように、私は二〇〇五年に党の雑誌に公表した論文で、安保条約が存在するかどうかにかかわらず、侵略されたら自衛隊で反撃すべきだという立場をとった。それに対して、志位氏は、二〇〇〇年の第二二回大会の決定は、自衛隊の活用は安保条約が廃棄されて以降に限る立場のものだとして、私に自己批判を求めたのである。

しかし、この二〇一五年の志位氏の記者会見は、野党による政権ができた場合、侵略に際して自衛隊を活用すると述べている。そしてその野党連合政権とは、安保条約が維持された政権なのだ。

つまり、志位氏は、二〇〇五年の私に対する意見を訂正したわけである。あの時、自衛隊問題での意見の違いは留保し、「今後の実践」を通じて解消することになったが、その「今後の実践」の結果、当時の自分の指導が間違っていたことを、志位氏は事実上は認めたと言える。

安保条約発動問題でも転換

二〇一五年の記者会見で志位氏が述べたのは、自衛隊活用問題だけではない。日米安保条約の問題でもさらに突っ込んで聞かれ、次のようなやり取りがあった。

「問い　『国民連合政府』で、（日本有事のさいには）自衛隊を出動させるということでしたが、（同様の場合に）在日米軍への出動要請についてはどうするのでしょうか。共産党は反対するということでしょうか。

志位　『国民連合政府』の対応としては、日米安保条約にかかわる問題は『凍結』するということになります。先ほど述べたように、戦争法廃止を前提として、これまでの条約の枠内で対応することになります。日米安保条約では、第五条で、日本に対する武力攻撃が発生した場合には（日米が）共同対処をするということが述べられています。日本有事のさいには、連合政府としては、この条約にもとづいて対応することになります」

日本有事の際は、自衛隊の出動を認めるだけでなく、安保条約第五条の発動もＯＫだということである。共産党のこの種の問題での対応では、自衛隊ばかりが話題になるが、じつは共産党にとっては自衛隊より安保条約のほうがこだわりが強い問題である。共産党は安保条約こそ（自衛隊と異なり）平和を乱す根源だと考えてきたので、その発動を認めるとなると根本的な路線転換につながるのだ。

だから私は、自衛隊活用論は復活させなければとずっと考えてきたけれども、安保条約の維持につながる政策を共産党が採用することは難しいと思っていた。しかしそこは、自衛隊活用論とともに、あっさりと乗り越えられたのである。

自衛隊違憲論まで転換が図られる

自衛隊違憲論は、共産党の一貫した強い主張である。二〇〇五年に私が志位氏から自己批判を求められた際、自衛隊活用論に関する意見の違いは留保したが、私の論文のなかに「自衛隊は違憲だという文章がない」ことは認め、自己批判したのである。ところが、その自衛隊違憲論でも、共産党は転換を図った。

二〇一七年一〇月八日、総選挙を前にした党首討論の場であった。安倍首相から、「共産党が入る連合政権ができたとき、自衛隊は違憲だという立場を取るのか。そんなことをすればすぐに自衛隊を解消しなければならなくなる」と問われた志位氏は、次のように答えたのである（「赤旗」一〇月九日付）。

「日本共産党は、自衛隊と憲法九条は両立しえないものだと考えております。

私たちは、九条という理想に向けて、自衛隊の現実を国民の合意で一歩一歩改革していく。これが私たちのプランです。それで、私たちが参画した政権ができて、平和政策によって、日本をとりまく平和的環境が成熟して、もう自衛隊なしでも安心だという合意が圧倒的多数の国民のなかで成熟したときにはじめて、九条の全面実施の措置を取るというのが、私たちのプランです。

そこで、私たちが参画する政権が仮にできた場合の対応ですが、その政府としての憲法解釈は、その政府が自衛隊の解消の措置をとる、すなわち、国民の圧倒的多数のなかで自衛隊は解消しようという合意が成熟するまでは、合憲という解釈を引き継ぐことになります。党は違憲という立場を一貫して堅持しますが、政府は合憲という立場を一定程度の期間、取ることになります。

そして、最終的には（憲法判断を）検討することになりますけれど、そういう立場を堅持しますので、ご心配のようなことは起こらないということを答弁しておきたいと思います」

共産党としては自衛隊違憲論は変わらない。しかし、共産党が入る政府は、自衛隊合憲の立場に立つというのである。だから、「（政権をとった共産党が違憲論だと）すぐに自衛隊を解消しなければならなくなる」という、安倍氏の「ご心配のようなことは起こらない」というのである。

私は二〇〇五年、執筆した論文のなかに自衛隊を違憲だとする記述がないことで、志位氏から批判されて自己批判文書を党の雑誌に掲載した。記述しなかっただけで、当時、自衛隊を合憲だと思っていたわけではない。ところが、その志位氏が、自衛隊違憲論に大きな修正をくわえたのだ。

党と政権を使い分けるという志位氏の提起は、形式論理としては成り立っても、あまりにご都合主義的で国民の理解は得られないと考える。しかし、あとで述べるように、政権をめざす政党というのは、自衛隊の憲法論では個人や市民団体と異なるアプローチが必要だと私は考えており、志位氏と私の立場はその点でも接近が見られると感じていた。

3　安保・自衛隊問題で論争のないことが混迷を生んでいる

志位氏の謝罪はなかったけれども

さて、志位氏が到達した現在の共産党の安保・防衛問題を政策的にどう評価するかは、本書の第三章の課題である。その前に論じておきたいことは、いま紹介してきたような経過を、意見が異なった場合の対応の原則からどう見るのかということである。

二〇一五年に志位氏が、自衛隊活用論という第二二回大会（二〇〇〇年）の方針に回帰したことは、私にとってはうれしいことであった。二〇〇五年に私が公表した論文は間違いではなかったということだし、その後に積み重ねてきたさまざまな実践も認められたような気がしたものである。

自己批判は公開のものだったので、私の知り合いの党員も一〇年前のこととはいえよく覚えており、「松竹さんが正しかったのですね」「退職する必要はなかったのではないですか」と言われたものである。「志位さんは謝罪に来ましたか」と尋ねてくる人もいた。

党の規約（第五条）には、「決定に同意できない場合は、自分の意見を保留することができる」とある。これは、意見の違いがあっても、その後の実践を通じてどちらが正しいかは証明されるという見地から生み出された対応である。私が退職する際も、そのことが確認された。

意見を保留して実践した結果、やはり党の決定が正しかったと党員が思えば、「自分が間違っていた」と認めればいいのである。ここで取り上げている問題に即して言えば、私がその後の実践を通じて、「やはり安保条約があるもとでは、侵略されても自衛隊は使うべきではない」という見地に到達すれば、素直に誤りを認めて、党の決定と同じ見地に立てばいいということである。

しかしこの問題では、逆に志位氏の側が安保条約下での自衛隊活用を打ち出したのだから、私の友人が志位氏が謝罪にくるべきだと感じたのは、共産党規約の運用上は自然なことであった。

党規約は間違った側の謝罪の必要性を明示的に定めているわけではなく、私は志位氏にそこまで求めるつもりはなかった。けれども、両者の溝は埋まったので、問題の経緯を書き残しておくことが、党員の理解を深める上でも大事だと考えた。そこで二〇一七年、『改憲的護憲論』（集英社新書）という本を書き、そのなかでこの問題の経緯を紹介したのである。当時、共産党の政策部門にある政治・外交委員会の責任者であった山根隆志氏（故人）は、私が上京する度に意見交換する間柄であったが、いつものようにこの本も贈呈した。

見解の一致、接近は表面的なものだった

本を贈呈した直後、その山根氏から聞いたことだが、『改憲的護憲論』をめぐって、党内で少し議論があったという。この本を読んだ小池書記局長が政策委員会にやってきて、山根氏に「メディアから問い合わせがあったらどう対応しようか」と聞いたというのだ。そして、書いていることの事実関係は否定できないので、「評価は異なる」で押し通そうということになったそうなのだ。

私には意外なことだった。もちろん細かいことで違いはあるかもしれないが、安保条約が廃棄される前であれ後であれ、侵略されたら自衛隊で反撃することは一致したはずなのである。最大の意見の違いは克服されたのだ。しかも志位氏は、侵略された際の安保条約第五条の発動を認め、政権入りしたときの自衛隊合憲論にまで言及しており、ほとんどの重要問題で見解は接近している。「評価は異なる」というほどのものは何もないはずなのだ。意見の違いが克服されたからと信じて『改憲的護憲論』を書いたのに、それでは党を批判する本ということになってしまうではないか。

けれどもやはり、共産党と私の見解の一致、接近は表面的なものだったようである。それがその後、野党共闘で闘った国政選挙で露呈していく。

侵略されたら自衛隊も安保条約も使うし、政権としては自衛隊合憲が共産党の立場ならば、他の野党の政策とほとんど変わらないから、両者の溝はかなり埋まるはずである。実際、共産党員の少なくない部分は、最近の共産党の対応を、安保廃棄、自衛隊違憲解消という従来の政策を放棄するものとして、かなりにがにがしく見ているはずだ。それでも、二〇一五年の新安保法制の廃棄という大義のために、大胆な譲歩をしたと考えてきたわけである。

しかし、これだけの譲歩をしたはずなのに、いまだに他の野党からは引き続き「安保・自衛隊という基本政策が異なるので共産党は政権共闘の対象にならない」と言われている。共産党の側も、それに反論するどころか、基本政策が違うことを堂々と認め、「違いは野党連合政権に持ち込まないから政権共闘をしよう」と呼びかけている。共産党は譲歩しているのか、それともしていないのか。矛盾だらけである。

その矛盾が表面化したのが、二〇二一年の総選挙、二二年の参議院選挙であった。前者では、立憲民主党と共産党が「限定的な閣外からの協力」で合意し、これを政権共闘の一種とみなす共産党と政権共闘ではないとする立憲の違いが表面化した。

政権共闘の要素を強調すればするほど、自民党は「立憲共産党」という用語も編みだすなどして、基本政策が違うのに野合だとする批判を浴びせかけてきたし、国民民主党の共闘離れも加速した。その結果、二二年選挙では前年の合意は横に置かれることになる。

一方、政権共闘ではないという要素が強まると、共産党の側では、何のために譲歩しているのかという不満が噴出する。二〇一五年の新安保法制成立直後は、この法制を廃止するという一点を重視し、他の問題では譲歩しても許せたが、時が経って当時の熱気が薄まっていることもあり、安保や自衛隊の問題での譲歩は認めがたくなってくる。

こうして野党共闘は一時の勢いを失っているのである。

決定したことを深める努力がされなかった

問題は、共産党が安保条約、自衛隊の問題での対応を明確にできるかにある。他の野党には政権共闘の対象になりうると理解してもらい、かつ共産党員も納得できるようなものになるかどうかである。それを第三章で提示するのだが、その前に、なぜこんなふらついた対応になっているのか、どうアプローチすればいいのかを明確にしておく必要がある。

共産党は二〇〇〇年の第二二回大会で自衛隊活用論を決定した。決定されたとはいえ、既述のように党内では不評であったから、決定への理解を促し、批判を克服するための全党的な努力が求められた。しかし、党内では自衛隊活用論への理解を促そうと努力する人は少なく、党本部でも私以外に自衛隊活用を唱える人はほとんどいなかった。憲法学者とのつきあいが多い部署の幹部は、「松竹さんの特殊な立場」と揶揄《やゆ》していた。その上、自衛隊活用論を深める努力の一環である私の論文は、党中央から自己批判を求められる対象となったのだ。志位氏の当時の本音も大会決定とはかけ離れていた。その結果、大会で自衛隊活用論を決めているのに、「自衛隊反対」が党の公式方針のようになり、毎日発行される「赤旗」には自衛隊活用の話など一行も載らないまま、自衛隊のあれこれを批判するキャンペーンが続いていく。

二〇一五年に自衛隊活用論は復活したけれども、それを少しでも説得力あるものにしようと思えば、なぜ〇五年に活用論を主張した私に自己批判を求めたのかの理由も述べなければならないし、それをなぜ一〇年後に復活させるかも説明しなければならない。しかし、そんなことは何もされないまま、大会で決めたことだから当然だとか、「理の当然」だとかの説明に終始し、党員の疑問に寄り添って解決するような努力がされていないのだ。

「赤旗」は現場の党員とは異なり、党中央の方針を機敏に反映すべきものだけれども、記者が志位氏の説明に納得していないからかどうか分からないが、二〇一五年以降も自衛隊批判のキャンペーン紙という性格を変えていない。それでは党員の理解を深めることなど無理というものである。ましてや、他の野党や有権者からも支持を得るなど、とうていできない相談だ。

「指導機関」のなかでさえ意見が分裂する事態に

二二年八月はじめ、共産党は、参議院選挙の総括のために第六回中央委員会総会を開いた。会議のあとにはいつも、会議の概要を知らせるコミュニケが出されるが、この時のものは異例であった。

なんと志位氏の報告と結語が「圧倒的多数で採決されました」と書かれてあったのである。一名が保留したという。保留の理由は明らかにされていないが、志位氏が結語で「（会議の）討論では、日本共産党の自衛隊政策についての疑問が出されました」として長い説明をしているので、それが理由だったのであろう。

現場の党員が代議員として参加する党大会であっても、すでに紹介した通り、この半世紀で保留が出たのはただの一回だけである。中央委員会というのは大会の決定を実行する「指導機関」（規約第二一条）であり、大会などより「団結」の度合いははるかに高い。戦後、共産党が暴力革命の路線をとって、指導する側での意見の相違が表面化したことがあるけれども、それは七〇年以上前のことである。現在、中央委員は約二〇〇人いるけれども、何度も述べたように全員が党中央から給与を支給されている専従者である。中央に歯向かえば役職の維持や給与支給にも影響してくる可能性がある。その中央委員会で保留が出るというのは、よほどのことなのだ。党の指導機関がそうなのだから、現場の党員の意見がもっと分断されていることは、容易に想像がつく。

そして何が問題かというと、安保・自衛隊問題というのは、共産党がめざす野党共闘政権の最大の障害となっている大事な問題なのに、党内で全党員を巻き込んだ議論、論争がされていないことである。現状を克服するのは並大抵の議論では済まない。

大会に至る討議で問題を解決できていない

「中立自衛」から「非武装中立」への転換も（第二〇回大会）、憲法九条の下での自衛隊活用の方針も（第二二回大会）、大会決議案として提起し、何か月にもわたる全党討議（全国の支部から地区、都道府県の会議で）が行われ、そこで選ばれた一〇〇〇人ほどの代議員が参加する大会で採択されたのである。ところが、党内の現状は自衛隊の活用に反対する人が多いし、ましてや政権としては自衛隊合憲という考え方には反対する人が多数である。志位氏の説明は、これらの党員を納得させるものとなっていない。大会に至る討議で問題を解決するという従来型のやり方は、この間の実際の経験からしても、まったく成功していないのだ（安保条約第五条の発動や、野党連合政権では自衛隊合憲という考え方は、大会の決定にもなっていない）。

共産党内の論争といえば、体験したわけではないが頭に浮かぶのは、一九六一年の綱領確定までの論争のことだ。共産党に入党したあと、よく聞かされたのだが、共産党が暴力革命を規定した戦後で最初の五一年綱領を五八年に廃棄し、現在の平和的な革命路線を確立した新綱領を一九六一年の党大会で採択するまで、何年にもわたる激しい論争があったそうだ。新しい路線を支持する人が過半数を占めたからといって、それを即座に採決に付すのではなく、ほとんどの党員が納得するまで議論を積み重ねたという。

現在、綱領を変えようというのではないから、そこまでの大論争は不要だろう。しかし、安保・防衛問題をめぐっては、共産党が今後、政権にどう接近するのかという大問題とかかわるのだから、かなり踏み込んだ議論が不可欠だ。「私は共産党がいささかも自衛隊を認めることがあってはならないと思う。自衛隊は違憲で廃止という態度しかない」と主張する人、「いや、政権をめざすならば、専守防衛の自衛隊は合憲だと踏み切らなければならない」という人などがいて、双方が納得するまで議論をしなければならない。それなのに現状では、政策を提示できるのは中央委員会で、現場は議論はできるし疑問も表明できるけれども、中央の提起を真剣に受け止め実践することが基本になってしまっている。この現状が今後も続けば、安保・防衛問題のように複雑で、えてして意見が分かれる問題をめぐって、党員がそれなりに納得し行動することは簡単ではないだろう。

党首公選の主張に現実味を与えるために

その現状を変革する可能性を持つのが党首公選である。

前回の総選挙（二〇二一年）を前後して、自民党や立憲民主党が党員投票による党首選挙を行ったこともあり、共産党はどうするのかがメディアの話題になった。共産党がその種の選挙を実施することについて、過去の党首選びの範囲内で思考していた私は、当初、「望ましいが、とても無理だろう」と考えていた。けれども、よくよく考えた末に、それは望ましいことだから、困難はあっても実現すべきだという結論を持つに至った。

同時に、そういう提言をしても、これまで一〇〇年間やってこなかったことだから、党内では「誰も立候補するような人はいない」「だから検討しても仕方がない」となりかねないと感じた。立候補者が実際にいるかどうかを無視して一般的に党首公選を求めるだけでは、不可能なことを提言することになり、無責任な論評になってしまうと思ったのだ。それならば、真剣な提言だと受け取ってもらうためには、立候補者がいると明確にしなければならない、そういう人を知らないならば、自分自身が立候補すると言わなければならない。私の思考はそういう過程をたどった。

そう思ったときに、退職の事情とその後の経過を振り返って、私には少なくとも党首公選の実施を求め立候補を表明するための資格だけはあると考えた。なぜなら、党中央は党内に異論が存在しないことを公選をしない理由にするかもしれないが、私が異論を持っていることは、党中央の手で公開されているからである。しかも、その異論の内容が、現在焦点の安保・防衛政策である。だから、他の人は立候補しなくても、私は立候補しなければならないと強く感じたのである。

党首選挙を実施することは、政策論争を活発に行うことを通じて、共産党を活性化することになる。国民にとっても近づきやすい存在になるはずだ。実施されれば私は本書で書いていくように、安保・防衛問題を中心に独自の政策を掲げることになるが、党首選挙の結果がどうあれ、それは野党間での協力を促進することに肯定的な影響を与えるだろう。

本書の主題は狭いように見えるかもしれないが、野党共闘や安全保障政策に関心のある方々にも興味を持ってもらえるはずである。共産党は一枚岩の政党だとか、党員が個人の意見を述べられない政党だとか、閉鎖的で暗く、怖いと思っている人々にも、「もう一つの共産党」の姿を知ってもらえるに違いない。

第三章　野党共闘を魅力化する安保・防衛政策へ

本章では、共産党が採用すべき安保・防衛政策の中身、その意義を提示する。さらに、この政策を採用することで、野党共闘が魅力あるものになる可能性があることを述べる。しっかりとした安保・防衛政策を持っていれば、そしてその事実が国民に伝わっていれば、今回のウクライナ戦争のようなことがあったとき、あわてて「自衛隊活用」などと主張して混乱を生まないですむ。「防衛面での備えは万全なので、いま大事なのは外交力」と堂々としていられるのである。

最後に、党内では共産党が安保・防衛政策を持つこと自体への反感が強いので、それをどう考えるかを論じたい。ただし、党内の反対意見は根強く広範な分野に及ぶので、本章で取り上げるのはエッセンスに留め、党員向けに必要なことの詳細は終章で述べたい。

1　「核抑止抜きの専守防衛」を共産党の基本政策とする

共産党が現段階で基本政策として採用すべきだと私が考えるのは、結論から言えば、「核抑止抜きの専守防衛」である。日本は専守防衛に徹するべきだし、日米安保条約を堅持するけれども、アメリカの核抑止には頼らず、通常兵器による抑止に留める政策である。

この政策にもとづく外交・防衛努力を尽くすことによって、日本周辺で平和と安定の環境がつくられ、国民多数も他の野党も「アメリカの通常兵器にも頼る必要がなくなった」と考えるようになれば、「日米安保抜きの専守防衛」の段階に進む。さらに、「軍事力そのものが不要だ」となれば、非武装の専守防衛に移行し、自衛隊の解消に向かうというものである。ただし、本章で論じるのは「核抑止抜きの専守防衛」のみである。これを共産党の基本政策とすることに新しさがあり、意味があるからである。

（1）「核抑止抜きの専守防衛」とはどんな政策か

対立軸はまず専守防衛の堅持か逸脱かである

まず「専守防衛」である。政府はこの考え方をこれまで次のように説明してきた。

「専守防衛とは、相手から武力攻撃を受けたときにはじめて防衛力を行使し、その態様も自衛のための必要最小限にとどめ、また、保持する防衛力も自衛のための必要最小限のものに限るなど、憲法の精神に則《のっと》った受動的な防衛戦略の姿勢をいう」（『防衛白書』など）

政府は現在も、日本の政策を「専守防衛」だという。しかしそれは間違いだ。なぜなら、二〇一五年の集団的自衛権を容認した新安保法制により、防衛政策の概念が質的に転換したからである。「相手から武力攻撃を受けたときに」防衛力を発動するというのは、誰がどう見ても、日本が武力攻撃を受けたときのことだとしか読みようがない。ところが、新安保法制によって、「武力攻撃を受けた」対象はアメリカにまで拡大された。その結果、前記の「専守防衛」の定義は変わっていないのに、「武力攻撃を受けたとき」の意味は、「我が国又は我が国と密接な関係にある他国が武力攻撃を受けたとき」と読み替えられたのである。もはや政府、自民党の政策を専守防衛の名で呼ぶことはできない。

立憲民主党なども集団的自衛権の行使には反対しており、専守防衛を支持する立場である。共産党が専守防衛という立場に立つことによって、専守防衛を踏み外した与党か、専守防衛を堅持する野党かという、明確な対立軸が生まれることになるだろう。日本周辺でアメリカの艦船が武力攻撃を受けるような事態は、台湾問題を考えても他人事ではなく、日本が何をすべきかは本章の第3節で論じるが、日本が武力攻撃を受けるような事態と同列に置けるはずはない。日本政府がもっとも真剣に考えるべきは日本国民の生命のことだ(アメリカも自国民と他国民を同列には置いていない)。

日本の防衛政策は専守防衛とアメリカの抑止力との組み合わせ

問題は、そこにとどまっていいのかということだ。集団的自衛権の行使を容認したことは、戦後日本の防衛政策の大きな転換であり、元に戻すことには大切な意義がある。けれども、それだけならば新安保法制成立以前の日本の政策に戻ることでしかない。その程度のことなら、現在の自民党の政策とは違っても、戦後二〇一五年まで続いてきた自民党の政策と同じものを共産党が掲げることになってしまう。

日本の選択肢は非武装しかないと考えている人を別にすれば、専守防衛という言葉を耳にした人は、あまり攻撃的でない政策という感触を持つだろう。先ほどの政府による定義を見ても、その感触に変化は出てこないと思う。

しかし、それは日本自体の防衛政策しか見ていないからである。日本の防衛は、自衛隊と米軍が担っているのであって、専守防衛とは自衛隊が受け持つ部分をあらわしているに過ぎない。よく「日本は盾でアメリカは槍」という言い方をされることもあるが、日本はもっぱら相手国の攻撃を日本周辺で阻止する役割を担い、アメリカは相手国に対する攻撃を行う役割を持つとされてきた。

軍事戦略においては、専守防衛に徹する場合、日本に近づいてくる相手国の軍隊を阻止することはできるが、その軍隊は大きなダメージを被らずに逃げ帰ることになるので、力を蓄えて再びやって来るのをどうするかという問題が残る。その問題を解決するため、アメリカには相手国の基地を叩く役割を果たしてもらうのがこれまでの日本の防衛政策の核心であるが、それを象徴する言葉が抑止力なのである。

だから、日本の防衛政策をただ「専守防衛」と言うのは正しくない。正確にあらわすと、日本自身の「専守防衛」とアメリカの「抑止力」の組み合わせ、というものになる。岸田内閣の「敵基地攻撃」論は、この戦後の日米の分担に修正を加えるものであり、まさに戦後安全保障政策の大転換を意味する。

抑止力の中心は核抑止である

では、「抑止力」とは何か。眼前で進行しているウクライナ戦争で、ロシアのプーチン大統領が二〇二二年二月二七日、核兵器を使うと威嚇《いかく》して大問題になったが、問題になったその日の発言のなかで、プーチンは核兵器という言葉を使ったわけではない。「抑止部隊を任務遂行のための高度な警戒態勢に移行する」と述べたのである。「抑止」という言葉を使っただけなのである。

それなのに、世界中の政治家、軍人、メディアがこれを「核兵器使用の威嚇」と騒いだし、ロシアもそれを否定しなかった。なぜかといえば、「抑止」とは政治、軍事の世界においては「核兵器による威嚇及びその使用」とほぼ同義語だからである。軍事用語としての「抑止」は、第二次大戦後のアメリカが核兵器を保有し、核兵器による大量報復戦略を確立するとともに誕生した概念なのである（その後、通常兵器による抑止という考え方も生まれた）。

　この言葉の日本における使われ方も同じである。民主党の鳩山政権で「抑止力」が問題になったころ、五百籏頭《いおきべ》眞《まこと》防衛大学校長（当時）は、「日本は専守防衛で、他国への抑止力は持たない」と語っていた（「読売新聞」二〇一〇年六月一日付）。また、抑止力を政府がどう捉えているかという質問主意書が国会に提出され、菅《かん》直人首相の名前で答弁書が出されたが、そこでは、「抑止力とは、侵略を行えば耐え難い損害を被ることを明白に認識させることにより、侵略を思いとどまらせるという機能を果たすものであると解してきている」とされていた（二〇一〇年六月八日）。「耐え難い損害」という言葉が使われるのは、いざというときにはアメリカの核兵器に頼り、相手国に壊滅的な打撃を与えることが想定されているからだ。だから五百籏頭氏も、抑止力は日本には持てないと述べたのである。

　ロシアもアメリカも同じ抑止戦略をとっている。違うのは、ロシアのように堂々と使うぞと脅すのか、アメリカのように黙々と使う態勢を取るか程度のことである。

先ほど、日本の防衛において、アメリカは敵基地（司令部なども含めて）攻撃の役割を担うと述べたが、そのためにもっとも効果的なのが核兵器だとされてきた。だから、抑止力を向上させるということは、アメリカの核兵器に頼り、いざというときは相手国に投下してもらうのと同義だということなのである。いや、相手を思いとどまらせることが目的だから威嚇で十分で、使用することまでは考えていないと言う人が日本では多いのだが、そう言い切ってしまえば相手は安心して攻撃してくるので、抑止力にはならない。アメリカは本気で使う態勢を取っているからこそ、そして実際に戦後、朝鮮戦争やベトナム戦争で核使用の一歩手前まで行ったことがあるからこそ、抑止概念は成立しているのである。

「非核四原則」プラス「専守防衛」とも言える

日本では「抑止」という言葉が大流行《おおはや》りである。政府もメディアも「抑止力の向上」という言葉を常識のように使っている。それはこの言葉のなかに、先ほどの国会に対する政府答弁書の通り、戦争にまで至らないで相手の攻撃を抑え、止めるという考え方が含まれており、何がなんでも戦争で物事の決着をつけるというものではないからだ。戦争で物事の決着をつけてきた古い時代よりは進歩した概念だとは言える。しかし、いざというときには核兵器で決着をつけるぞとして相手を威嚇することが、抑止の中心概念であることに変わりはない。

　日本はそこをあいまいにしてきた。あとで詳しく述べるように、六〇年代後半、アメリカの核抑止力に依存することを決めたのだが、それと同時に「非核三原則」を打ち出すことによって、アメリカが核を使っても日本自身はそれには責任を持っていないかのような幻想が作り出されたのである。そして、ウクライナ戦争をきっかけに、アメリカは核保有国との戦争を回避するために核の使用はしないという観測が広がった結果、日本自身が核兵器の投下決定に関与できないと心配だとして、自民党や維新の会の一部から、ＮＡＴＯ諸国と同じ「核の共有」「ニュークリア・シェアリング」論がでているわけである。

　私は、それとは違う道を進むことを提案する。それが「核抑止抜きの専守防衛」である。抑止力のうち核抑止を否定するのである。誰もが知っている言葉で言い換えると、日本の国是《こくぜ》とされる非核三原則（持たない、つくらない、持ち込ませない）を堅持した上で、それに「使わせない」を加えて非核四原則に格上げし、その原則と専守防衛を合体させるということだ。

現在、アメリカの同盟国はいずれも核抑止を肯定している。日本だけがそこから抜け出すのは大きな決断を伴う。しかし、どこかの国が抜け出さないと、いつまでも抑止力に頼る体制は続き、核兵器もなくならない。そして、もし抜け出す国があるとすれば、唯一の戦争被爆国である日本以外には考えられないだろう。

日本ならば、政策の有効性の問題以前に、政策のベースとなる道義性、倫理性、人道性の問題としてアプローチできる。被爆者の苦しみを誰よりも知っている日本が、他国に核兵器を投下し、新たな被爆者を生み出すことを前提とした政策をとってはいけないということで、国民の合意を得ていくのである。その道を進むことで、アメリカなども説得するのだ。

ウクライナの専守防衛に学べるところがある

この政策の有効性と問題点は、何よりもウクライナ戦争で明確になったのではなかろうか。ウクライナの戦いぶりは、「核抑止抜きの専守防衛」そのものである。

何よりも、「相手から武力攻撃を受けたときにはじめて防衛力を行使」している。ロシアの武力攻撃を受けたあと、自衛のために反撃しているわけだ。また、「その〈防衛力行使の）態様も自衛のための必要最小限にとどめ」ているようである。ロシアの領土、領空、領海を侵犯するようなことをせず（切迫した状況下なので皆無とは言わないが）、ウクライナ領内に侵攻してきたロシアの部隊などを破壊することに専念している。

相手の攻撃に相当（均衡）する反撃は国際法上の自衛の要件を満たすので、ロシアが仕掛けている攻撃と同じようなことをウクライナがロシア領内で行っても、違法にはならない。しかし、それをしないことで、ウクライナによる反撃への評価は国際的にも日本国内でも高くなっているのである。つまり、「専守防衛」に徹することは、世界から物質的にも（武器も）精神的にも、大規模な援助が供与されることでもある。逆に、ロシア領内の基地を攻撃対象にしてしまえば、「どっちもどっち」論が生まれかねないということだ。

一方で、専守防衛にとどまることの問題点も鮮明である。ロシア領内の基地を基本的には攻撃しないことにより（能力的にも本格的にはできないし、アメリカやNATOもそれを可能にする武器は供与していない）、ロシア軍はいつまでも壊滅的な打撃を被ることなく、戦争は長期化の様相を見せている。アメリカやNATOに頼っているが、核抑止抜きの頼り方である。

しかし、だからといって敵基地攻撃にまで全力で乗り出せば、ウクライナの戦力も分散することになる。ましてや、ロシアと同様に「核抑止」を求めれば、「どっちもどっち」論も加速する。そこでウクライナは、専守防衛に徹して、戦力の主体は侵入したロシア部隊との戦闘に振り向けているわけだ。

侵略に備えるための軍事力が強大であることを求めるのは、軍事的には常識である。しかし、ウクライナの事態が示すのは、それが政治的にも常識というわけではないということである。専守防衛に徹することで、ウクライナ側の消耗は激しいが、武器の供与をはじめ国際社会の支持を得て戦争を遂行しているということだ。

核抑止抜きで準備しないといざというときに対応できない

政治的な常識という観点に立てば、核抑止力への依存は最悪である。プーチンの核兵器による威嚇発言は世界中から批判を浴びることになったが、日本がいざというときにアメリカの核に頼るのはそれと同じことなのである。

しかも、今回のウクライナ問題が明らかにしたのは、アメリカの核抑止力には頼れないということだ。アメリカのバイデン大統領は、一貫して、米兵をロシアとの戦争に参加させれば世界規模の戦争になるので、ウクライナに対しては武器を提供するに止めると発言してきた。それはロシア領内に届かない武器である。NATO諸国も同じだった。

日本はウクライナと異なり、アメリカと安保条約を結んでおり、同盟国なのだから、いざというときには守ってくれる、核抑止力も信頼できるという人がいる。しかし、相手が中国のような核保有国の場合、アメリカが参戦すれば世界規模の戦争に発展するのは、今回のロシア・ウクライナの関係と同じである。さらに、日本にとっての焦点は誰も居住者がいない尖閣諸島であるが、ウクライナは四〇〇〇万人が住んでいるのである。そのウクライナを守るために兵力を送らないアメリカが、尖閣を防衛するために軍隊を派遣したり、ましてや米本土が反撃を受ける可能性があるのに、中国本土の基地を場合によっては核兵器を使ってでも攻撃してくれるなどと期待するのは、空想の世界の話でしかない。

それならば、核抑止抜きの専守防衛に徹する覚悟を持つしかない。アメリカに頼るという姿勢では、日本自身は十分な議論も準備もできないまま、いざというときを迎えてあたふたしかねないではないか。

尖閣を例に考える

万が一、中国軍が尖閣諸島を奪いにくる場合のことを考えてみよう。専守防衛に徹するのか、核抑止に依存するのか。

日本は尖閣を自分で守る、アメリカが助けに来なくても守る、そんな姿勢で臨むべきだ。中国の本土にある出撃基地まで叩くことはせず、それをアメリカの力（核も含め）に頼るのでもなく、日本自身が尖閣の周辺から中国軍を追いだすことに徹するべきである。

その結果、現在のウクライナ戦争のように、尖閣を奪われたり取り返したりをくり返す消耗戦のようになるだろう。しかし、そこで我慢ができずに、中国本土の敵基地攻撃までしてしまっては、その代償として日本本土が攻撃を受けることになる。そこまでくればアメリカも本格的に助けてくれるという願望も生まれるかもしれないが、日本本土が攻撃された時点で国民のなかに死者が出ているのであり、軍事作戦としては失敗である。本土が攻撃されない戦略こそが合理的である。

アメリカには、その消耗戦のどこかで仲介者として停戦に乗り出してもらうのが望ましい。そのためにも日本は自力で戦うことを基本とすべきである。

現在、自衛隊は沖縄をはじめ南西諸島に地対艦ミサイルの配備を進めている。その理由は、尖閣を含む沖縄などの防衛とされているが、ミサイルの射程は現在の百数十キロから九〇〇キロ、最終的には一五〇〇キロとなることが想定されている。二〇〇〇キロになるミサイルの開発も進められているという。そうなると北京までも射程の範囲に入ることになるが、これを「敵基地攻撃のためだ」と捉えて開発に反対するのではなく、ミサイル基地は沖縄から本土に移して、あくまで沖縄を含む日本防衛のための配備であることを明確にすべきであろう。それが「沖縄を再び戦場にするな」の声に応えることにもなる。

最後は国民の覚悟の問題である

それでも核の傘があったほうが安心だ、日本が核抑止抜きを政策にしたら中国が本気で尖閣諸島を奪いに来るのではないか、ロシアが核を使ったらどうするのだ。そんな意見は出て来るだろう。どんなに強大な軍事力を持とうとも、それでは安心できないというのが、世の常、人の常である。この問題は、どう説明しようが、乗り越えられない問題なのである。二つのことだけ言っておきたい。

一つは、国土の防衛というのは、究極的には国民の覚悟の問題だということである。自衛隊の装備や隊員の覚悟ではなく、国民全体の覚悟である。どんなに脅されようが、それが核による脅しであろうが、国民が国土を守る気概、覚悟を持っていることが、核兵器を含む相手の攻撃をちゅうちょさせるということである。覚悟を持たないような国は、核兵器を使わずとも屈服させることができるが、覚悟を持っている国は、たとえ核を使っても屈服させられない。そこまでの覚悟が持てるのかということである。

もう一つは、国民がそういう覚悟を持つには、日本という国が、国民に覚悟を持たせるに値する国になっていることが不可欠だということである。自衛官の場合は、入隊する際、万が一のときは生命を賭して戦うことを誓約する。国民一般の場合、そのような誓約はしないが、万が一のときは飛び交うミサイルの下でけが人を救助したり、ガレキを撤去したりの作業に多数が参加しないと、侵略に抵抗することはできない。しかし、日本はそれだけのことをするに値しないと国民が思ってしまえば、抵抗もそこまでだ。

だから、政府がやるべきことは、しっかりとした安保・防衛政策を確立することだけではない。国民が生まれてから死ぬまで安心して暮らせる国、誇りをもてるような国にすることなのである。それと離れて防衛力の増強だけを突出して議論するのは、日本防衛の中心問題をないがしろにすることだと思う。

岸田内閣の敵基地攻撃論への対抗軸は何か

アメリカの核兵器に頼らないなら、日本自身が敵基地を攻撃する選択肢を検討すべきだという声もあがるだろう。岸田内閣の大転換を支持するという声だ。私自身、ロシアがウクライナに激しいミサイル攻撃を浴びせている現実を見ているから、ウクライナがロシアのミサイル基地に反撃したとしても、「それは専守防衛ではない」と批判するつもりはない。専守防衛の枠内での敵基地攻撃という政策はとるべきでないと考えるが、憲法上は成り立つという立場だ。

しかし、戦後の日本がこれまでその道をとらなかったのは、アメリカにその部分を依存するからという消極的な理由だけではないはずだ。日本が相手国の領土までは踏み入らないということを明確にすることで、日本が外交によって紛争問題を解決する姿勢のある国だと相手に自覚させ(侵略した過去があるので余計にそれが必要だった)、相手に日本を攻撃する口実を与えないようにしてきたのである。戦後日本の平和が保たれた理由はいろいろあるが、そうやって防衛と外交のバランスを維持してきたことは、無視できないことなのだ。

ロシアが二〇二二年にウクライナを侵略した理由としては、一つには、二〇一四年のクリミア半島侵略に際して、ウクライナも今回のような反撃を組織しなかったし、国際社会も傍観したことがあげられる。ロシアは今回も大丈夫だと高を括ったのである。だから日本にとっても、侵略されたら自衛の反撃を行う姿勢を明確にし、そのために必要な予算を組み、部隊を訓練しておくことは不可欠である。相手国部隊が日本の領域に侵入してきたら反撃して追いだすし、それだけの能力を自衛隊が保有していることは、相手国にも理解させるのだ。

同時に、ウクライナ侵略は、ＮＡＴＯの東方拡大がロシアにとって脅威に映ったことが背景に存在する。日本の敵基地攻撃政策が、周辺国にとって同じように見えてしまっては、かえって逆の効果を生み出しかねない。

専守防衛は確固としたものにするが、相手に侵略の動機を与えない。この戦後日本の生き方を発展させようとするのが、「核抑止抜きの専守防衛」である。敵基地攻撃を政策として採用することは、侵略の過去の呪縛や対米関係から来る束縛のなかで、専守防衛政策を模索してきた先人の知恵をないがしろにするものでしかない。

（2）核抑止力からの脱却は独立と主権の中心問題

「核抑止抜きの専守防衛」は、これまで述べたように日本の平和にとって大事なだけではない。日本の主権と独立のためにも欠かせない段階に到達することだと考える。

もちろん、軍事同盟に参加するということは、それがアメリカのような超大国との同盟である限り、日本を含めどの国にとっても、多かれ少なかれ主権の侵害を伴わざるを得ない。国家の一〇〇％の独立は、軍事同盟そのものからの脱却を必要とする。

しかし、日本がアメリカの核抑止力に依存していることは、日本の対米従属の根幹をなすものである。それ故、「核抑止抜きの専守防衛」を日本の国家政策とすることで国民の合意を勝ち取り、アメリカにも認めさせることができるなら、日本は独立と主権の確保へ大きく前進することが可能となる。その事情を書いておこう。

同じ軍事同盟でもＮＡＴＯと日米安保には違いがある

日本の対米従属は複雑な構造を有しており、その原因を一つに特化するような単純な説明は不可能である。二重三重に入り組んでいるのだ。

まず、日米安保条約というものが、ＮＡＴＯとは本質的に異なる経緯で誕生した事情がある。ＮＡＴＯの場合、第二次大戦の戦勝国であったイギリス、フランス、ベルギーなどが、戦後のソ連の脅威を前にして、アメリカがヨーロッパに戻ってくることを望んで一九四九年に発足させたのが基本的な経緯である。主権国家同士の同盟なのだ。ドイツは日本と同じく敗戦国であり、米軍による占領を経験したが（イギリス、フランス、ソ連もドイツを占領した)、主権国家がつくったNATOの枠組みにあとから参加したのである。

一方、日本は第二次大戦で敗北した国であり、米軍の駐留はまず軍事占領として開始された。しかもそのアメリカによる占領の目的は、過去の戦争のように賠償を取り立てたり領土の割譲を求めたりするようなものではなく、日本の国家体制を変革することに置かれた。占領当初は民主化が目的で、終盤は反動化が目的となったが、その間、アメリカの言いなりになる人脈を日本の権力機構の内部に育成することとなる。

一九五二年に軍事占領が終わり、米軍の駐留は条約(旧日米安保条約)によるものに移行する。条約だから国と国の合意があって結ばれたのだが、何しろ戦勝国と敗戦国の条約であり、アメリカに逆らうと独立ができないものだから、アメリカの意向が貫かれる結果になる。そのアメリカは、中国における共産党政権の成立や朝鮮戦争の勃発という現実を前にして、日本を「反共の防壁」(ロイヤル陸軍長官の言葉)に仕立て上げようとしていた。

つまり、NATOも日米安保も、共産主義の脅威に対抗するという点では同じなのである。ところが、NATOの場合、主権国家同士がその目的のために結束したのに対して、日米安保条約の場合は、共産主義に対抗する点ではアメリカと日本の思惑は一致していても、その目的のためにアメリカが日本を自由に使える基地として利用するという性格が色濃く残ったのである。いわゆる全土基地方式も、その基地をアメリカが勝手気ままに使える地位協定の構造も、そうした駐留の本質が異なることから生まれたものだ。

NATOと日米安保は核抑止への依存でも違いがある

とはいえ、出発点の違いは、いまさら変更することは不可能である。日本の独立と主権にとって、日米安保条約廃棄の課題が、ヨーロッパ諸国と比べて決定的なゆえんである。けれども、日本の対米従属を決定的なものとしているもう一つの原因は、日本の意思で取り除くことができる。それが抑止力への依存なのである。

本章第1節で述べたように、抑止力という概念は、アメリカが一九五〇年代に大量報復戦略を確立するに伴って誕生したものである。第二次大戦直後のアメリカの戦略は、いわゆる「封じ込め」と呼ばれ、軍事だけでなく政治、経済も含めてソ連を包囲しようとするものであり、軍事面でも核兵器は多くの手段のうちの一つという位置付けだった。一方、その後に採用された大量報復戦略においては、戦略の根幹に置かれたのは核兵器であり、相手の核軍事基地はもちろん、場合によっては国力の根源である都市部をも戦略核によって破壊し、通常部隊に対しても戦術核兵器を投じようとするものであった。そして、そのような軍事能力を有するとともに、それをいざというときには実施するという意思の存在を相手に伝えることで、相手の行動を「抑え」「止める」ことを抑止戦略と呼んだのである。アメリカの戦略は、その後、柔軟反応戦略などへと変化するが、最終的に核兵器を使用するという威嚇を基本とする考え方は、一貫して受け継がれる。

　同時に、六〇年代になると、アメリカは抑止力を同盟国にも拡大して提供するようになる。それが拡大抑止とか核の傘とか呼ばれるものであるが、その提供の方式は、ＮＡＴＯと日米安保の本質の違いを反映したものとなる。

　ＮＡＴＯの場合は、「核の共有」とか「ニュークリア・シェアリング」といって、いま日本で維新の会などが提起している方式が採用される。実際のところは軍事機密の壁に覆われて全てが公開されてはいないが、核戦略や実際の核使用の決定はＮＡＴＯ諸国全体で協議し、核兵器も欧州に配備するとともに、投下に際しても欧州諸国の軍用機を使うとされる。ヨーロッパの防衛のために核兵器が使われるのに、アメリカの判断だけで行われるとすれば、主権国家として容認できないことであるから、このような方式になったのだ。

　一方の日本はどうか。自国の防衛のためにアメリカの核兵器に頼るのは同じである。しかし、日本の根強い反核世論のなかで、日本自身が核兵器の投下を判断する主体になることはできない。それ以前に、アメリカの核兵器が持ち込まれることへの反発も強い。その結果、アメリカの核抑止への依存と非核三原則の提唱が、ほぼ同時に行われることになる。それは、いざというときには日本の敵国に核兵器を投下してもらうことを、事実上はアメリカにお願いするのだが、その決定に日本は関わらないし、日本が核の発射基地になることもないという（実際は密約があって異なる）、きわめて特異な政策となるのであった。

「核抑止抜きの専守防衛」は日本の主権確立への道

つまり、アメリカの抑止力に頼りながら、日本は主権国家ならば不可欠な核投下などの決定に関わらないのだ。核兵器の投下に伴って発生する惨状への責任は、アメリカだけが背負う（実際には日本も責任をとらされるだろうが）。そんな常識外れの状態を放置しておいて、日米地位協定改定をはじめ、主権国家としての立場を貫くことはできない。すでに述べたように、NATOはもともと主権国家の同盟だから、アメリカの抑止力に依存しても主権国家であることに変わりはないが、日本の場合、出発点の違いは変えられないから、主権と独立のためには、なんとしても抑止力依存から抜け出す必要があるのだ。それには二つの選択肢がある。

一つは、欧州諸国と同じ道を進むことである。「核の共有」によって、アメリカの核兵器を日本に配備することに合意し、日本自身が核兵器を投下する決定に参加できるようにするなら、それは「依存」というものではなく、主権国家としての主体的な決定となる。

しかし、何よりもまず、日本の国民感情がそれを許さない。さらには、中国や北朝鮮に対してそうやって堂々と宣言することが、これら諸国の不要な反発と対抗的な軍事措置を招くことにもなる。ずっと無責任な態度を取り続けてきた日本に対して、アメリカが核共有を認めるかも疑わしい。

やはり、もう一つの選択肢しかない。それが「核抑止抜きの専守防衛」なのだ。

これまでの日本では、防衛政策といえば、「抑止力に頼る」というものしかなかった(付け足しとしての「専守防衛」とのセットで)。いや、「非武装中立」政策が護憲派から提示されたけれども、国民多数からは信頼を得られなかった。ほとんどの政党、政治家も抑止力信仰に浸りきり、国民には別の選択肢が提示されてこなかった。

「核抑止抜きの専守防衛」は、アメリカが抑止力を提供することで同盟国に支配的な影響を及ぼしている現状において、アメリカの政策の核心を揺るがすものである。「核抑止抜きの専守防衛」は、国民に支持されてきた「専守防衛」を受け継ぐとともに、国民の反核感情にも合致したものとして、国民多数の合意になり得るものである。安保条約を維持したままであっても、日本の戦後史上、大きな意味があるし、抑止力への依存で成り立つ安保体制の見直しにもつながっていくと思ってもらえないだろうか。

「自衛隊を活かす会」代表の柳澤協二氏とともに元自民党副総裁で防衛庁長官を務めたこともある山崎拓氏を訪れたことがある。その際、山崎氏は、抑止力を疑うという柳澤氏の提起があるまで、誰もが抑止力に何の疑問も持ってこなかったことを吐露し、氏の提起を支持してきたとして次のように語っていた。

「これまでは、基地ならびに米軍の存在がわが国の安全保障上の抑止力であるという解釈が常識で、そういう説明を何の疑問もなくやってきた。そういう抑止力論に対して、果たしてそうかという異を唱えたのが柳澤さんでした」「それに疑問を呈されたということは、すごく大きな一石を投じられたわけですよ。それは安保条約見直しにつながる重要な提起です」（かもがわ出版『辺野古に替わる豊かな選択肢』より。傍点は引用者）

（3）北東アジア非核地帯とセットで

本節の最後に、この段階でとるべき外交政策について、簡単に述べておく。「核抑止抜きの専守防衛」政策と整合性のある外交政策として、北東アジア非核地帯の創設を掲げるべきだというものである。もちろん共産党としては、「核兵器禁止条約」の批准を目標とすべきだし、野党連合政権でもそれを主張すべきだ。長崎生まれの私としてもこだわりがある。同時に、日本が「核抑止抜きの専守防衛」を基本政策とするようになっても、核保有国が核を放棄しない状況では、非核地帯の創設が重要な選択肢になるであろう。

世界の多くの地域が非核地帯になっている

非核地帯とは条約によって創設されるもので、読んで字のごとく、締約国がみずから核兵器の製造、保有、配備、実験などをしないと明確にするものである。同時に、締約国内および非核地帯の領域内で、核保有国による同様の行為を許さないと宣言するものである。

すでに世界では多くの非核地帯条約が結ばれている。定住者のいない地域を対象にしたものでは、一九五九年の南極条約が最初で、六七年の宇宙条約、七一年の海底非核化条約と続いた。定住者がいる地域を対象としたものでは、最初にできたのは六七年のラテンアメリカ及びカリブ核兵器禁止条約（トラテロルコ条約）であり、キューバ危機をきっかけに、中南米から核戦争の脅威を除こうとしたのが創設の動機であった。その後、南太平洋非核地帯条約（ラロトンガ条約、八五年）、東南アジア非核兵器地帯条約（バンコク条約、九五年）、アフリカ非核兵器地帯条約（ペリンダバ条約、九六年）、中央アジア非核兵器地帯条約（セメイ条約、二〇〇六年）と続いた。なお、モンゴルは一国で自国を非核地帯とすることを宣言し、それを尊重する決議が国連総会で採択されている。地球儀を想像してみると分かるが、南半球は全域が非核地帯となり、北半球にも少し侵食しているのが現状である。

核兵器を持たない国がいくら条約を結んでも、核保有国からの脅威を防げないと思われる人も少なくないだろう。しかし、非核地帯条約の意義は、非核保有国が非核を宣言するだけでなく、核保有国に対しても議定書への署名を求め、条約に参加する国への核兵器使用などを禁止することである。核抑止力に頼らないことを防衛政策の基本に置くならば、日本の大事な選択肢の一つとなることは明白である。

北東アジア非核地帯条約をつくるとすれば、締約国は日本、韓国、北朝鮮（核兵器を廃棄させた上でだが）、さらに必要ならモンゴルも加わることになるだろう。そして、五つの核保有国（米英仏中ロ）に対して議定書の署名、批准を求めるわけである。

核保有国の手を縛る条約であるから、無条件にそれらの国が賛成する訳ではない。トラテロルコ条約は核保有五か国全てが署名も批准もしており、ラロトンガ条約、ペリンダバ条約、セメイ条約は全てが署名しているが、アメリカは署名だけで批准まではしていない。モンゴルについては、五か国全てがモンゴルの非核の地位を尊重し、これを侵害するいかなる行為も行わないという共同宣言に署名している。バンコク条約は、他の条約と同様、加盟国はすべて批准し、すでに発効しているが、核保有五か国を対象とした議定書は、どの国も署名、批准していない。その問題は、北東アジアでめざすべき条約の内容と関連するので、後述する。

北東アジア非核地帯条約の内容と意義

非核地帯条約がこれだけの広がりを見せているのは、いうまでもなくそれぞれの地域で核戦争の被害を防ぐ上で、大事な意味を持っていると考えられているからである。一方、ヨーロッパで非核地帯が問題にもならないのは、イギリスやフランスなどの核保有国が存在する上に、他のＮＡＴＯ諸国もアメリカの核配備に同意し、核戦略も含めて「共有」する立場に立っているからである。これは非核地帯条約と相容れない。

他方、アメリカの同盟国だから非核地帯条約に参加できないというわけではない。オーストラリアは同盟国であるが、ラロトンガ条約に参加しており、議定書によってロシアや中国からも核攻撃をしないとの誓約を得ている。

日本はどうだろうか。ＮＡＴＯ諸国と異なり、非核三原則を持っている。核兵器を持たないし、製造もしないし、他国の核も持ち込ませないという三つの原則は、本来であれば非核地帯の趣旨に合致しているはずだ。ところが日本政府は、これまで一貫して北東アジア非核地帯条約に消極的であった。その理由は、アメリカの核抑止力に依存するという立場に反するからであり、いざというときには核兵器を日本に持ち込むことも含め、核戦争を戦うアメリカの立場を損ねてはならないという考え方であったと思われる。

「核抑止抜きの専守防衛」政策は、その日本の政策を改めようとするものである。アメリカの核抑止力には依存しないのだから、他の核保有国による核兵器使用とその威嚇に対してどう対抗するのか、別の手段が求められる。北東アジア非核地帯条約はそのための有効な手段となるし、防衛政策と整合性があるので、核保有国も含めて世界に対して説得力を持つ政策になるであろう。

共産党がこの構想を提示することの意味

　共産党はかつては非核地帯条約を重視してきた。例えば一九六八年、現在にもつながる安全保障問題の基本政策を発表したが（「日米軍事同盟の打破、沖縄の祖国復帰の実現――独立、平和、中立の日本をめざして　日本共産党の安全保障政策」）、そこでも「アジア・太平洋非核武装地帯の設置」を重要な柱としてかかげた。九七年に開いた第二一回大会決議では、「東アジア諸国と平和の関係をつくるために積極的、能動的に力をつくす」として、六項目の政策を掲げたが、その冒頭で北東アジアを非核地帯にする重要性を述べている。「日本の非核化を内外にはっきりと宣言し、東アジアにおける非核の流れの拡大をめざす。すでにＡＳＥＡＮ（東南アジア諸国連合）諸国によって東南アジア非核地帯条約が締結されるなど、アジアで非核地帯拡大の新たな動きがすすんでいる。日本は唯一の被爆国として、この流れを北東アジア地域にひろげる先頭にたつ」

　ところがその後、共産党はこの提起をお蔵入りさせる。当時、私が在籍していた政策委員会でなされた説明は、この地域を非核地帯にすれば中国の手を縛ってしまうとの指摘が不破氏からあったということだった。核保有国の領土を部分的にでも非核地帯にすることはないのだが、よく理解していなかったのかもしれない。いずれにせよ、そういう中国への姿勢が、第一章で述べたように二〇〇四年に中国を「社会主義をめざす国」と規定することにつながっていくのだが、すでにその規定も撤廃したわけであって、北東アジア非核地帯条約を真剣に追求することへの障害は何もない。

もちろん、困難はたくさんある。一つは、先ほど述べたように、台湾海峡を含むこの地域は、核戦争の危険が最も高い地域であり、核保有国が手を縛られるのを最も嫌う地域でもあるということである。また、北朝鮮が核開発を加速化しており、北東アジア非核地帯条約ができるとなれば、自分たちは核保有国として参加すると言い出しかねないほどの状態にあることだ。

しかし、逆にそういう状態だからこそ、非核地帯の創設が求められているわけだ。似たような地域として中東が挙げられる。一九七四年に国連総会で中東非核兵器地帯構想を歓迎する決議が採択されて以来、毎年、国連では関連の決議が採択されている。背景には核兵器を保有しているとされるイスラエルが核不拡散条約に入らないことへのアラブ諸国の不満があるが、一九九五年の同条約関連の会議では、アメリカやロシア、イギリスが共同提案して非大量破壊兵器地帯の創設をめざす決議が採択されている。

この構想は現在、逆風にさらされている。アメリカがイスラエル寄りの姿勢を鮮明にして、両国が関連する国際会議に出席しなくなっているのである。それでも二〇一九年一一月、英仏中ロなどが参加する会議が開かれ、国連のグテーレス事務総長は「非核地帯は安全保障上の確かな利益をもたらす。中東情勢は世界全体の大きな関心事だ」と指摘したという（「朝日新聞デジタル」一九年一一月一九日付）。

米中対立が激しさを増すなかで、北東アジアの安全保障は混迷を深めている。北東アジア非核地帯の創設を日本が前面に掲げ、アメリカや中国を説得するとともに、北朝鮮のわがままを許さない確固とした態度を貫いてこそ、少しでも安全保障上のリスクを低減させていけるだろう。それをこの地域の安全保障対話機構につなげていくべきである。

2　野党共闘を魅力あるものとするために

「核抑止抜きの専守防衛」は、現在、自民党の政策でないのはもちろん、他の野党の政策にもなっていない。立憲民主党も、抑止力の維持が基本政策であって、そこから核兵器を外すような議論はしていない。しかし、共産党が「核抑止抜きの専守防衛」を基本政策とすることは、野党の共闘を魅力あるものとし、成熟させることにつながると思っている。

（1）野党が議論し合える「共通の土俵」ができる

自衛隊活用は共産党の基本政策ではない

理由の一つは、この政策が、日米安保条約の堅持と自衛隊の専守防衛を前提としており、それも含めて共産党の「基本政策」となるからである。その結果、立憲民主党や国民民主党など他の野党との「共通の土俵」ができるのである。

これまで述べてきたように、共産党がここ数年、自衛隊の活用や安保条約第五条の発動に肯定的に言及するようになったことで、共産党の「基本政策」がその方向に変化したと思っている人も少なくないだろう。しかしそれは違う。もし変化したのなら、立憲民主党などが「共産党とは安保・防衛をめぐって基本政策が異なる」「だから政権共闘の対象にはならない」と言わないはずだ。共産党自身、野党共闘で政権をつくっても、安保・防衛政策をめぐる独自の立場を持ち込むことはしないと言明しているのは、自衛隊活用や安保条約の発動は基本政策ではないとみなしているからである。

そういう観点で自衛隊の活用を決めた第二二回大会決議を見直してみると、「なるほど」と思えるところはある。大会決議では、自衛隊の活用を決めたとされ、自衛隊や日米安保をどうするかについて、その両者を維持する第一段階、安保を廃棄するが自衛隊を維持する第二段階、両者とも廃棄・解消される第三段階まであれこれ書かれているが、ではそれぞれの段階でどういう防衛政策をとるのかという視点で眺めれば、「これが政策だ」と思わせるものは一つもないのだ。

その秘密は、直前の文章にある。段階ごとの立場を述べる趣旨を書いたところだが、こうなっている。

「それでは、憲法九条と自衛隊の現実との矛盾をどう解決するか。……この矛盾を解消することは、一足飛びにはできない。憲法九条の完全実施への接近を、国民の合意を尊重しながら、段階的にすすめることが必要である」

要するに、ここにある視点は、どうやって自衛隊を解消していくのかということだけなのである。第一段階から第三段階まで分けているのは、自衛隊解消という基本政策を実現する段取りを示すためであって、それぞれの段階で独自の防衛政策が求められるという視点が、現状では欠落しているのである。その結果、せっかく段階論を採用し、安保も自衛隊も堅持する第一段階という考え方をとって他の野党との接点をつくりながら、しかも党員には評判の悪い安保・自衛隊活用論にまで踏み込みながら、基本政策は安保廃棄・自衛隊違憲解消のままなのだ。

　復活した自衛隊活用論は、党内では評判が悪いと聞く。かなりの期間お蔵入りだったし、その間、自衛隊を批判してばかりだったのだから、党員に浸透するのは容易ではなかろう。それでも、それが野党共闘のために必要だというなら、党員を説得する材料にはなるはずなのだ。しかし現状では、党員にも他の野党にも評価をしてもらえず、自縄自縛《じじょうじばく》に陥っている。

「核抑止抜きの専守防衛」は、そこを転換する。安保も自衛隊も維持する基本政策を打ち出すことで、他の野党との間で議論のための共通の土俵ができるのだ。

立憲民主党が鳩山政権のトラウマから抜け出すために

　立憲民主党の安保・防衛政策は、二〇一五年の新安保法制の違憲部分の撤回という点を除くと、ほとんど自民党と同じである。前代表の枝野幸男氏は、政権構想を打ち出した『枝野ビジョン』（文春新書）のなかで、「自民党に対抗しうるもう一つの選択肢」を提示するとしており、端々にそれを感じさせる記述がある。しかし、「短期的な外交・安全保障政策」に関しては、「政権を競い合う主要政党間における中心的な対立軸にすべきでない」と言い切っている。枝野氏の後任を選ぶ代表選挙でも、立候補した四人のなかで、自民党の対立軸となるような安保・防衛政策を提示した人はいなかった。

安保・防衛問題では自民党とほぼ同じでいい――。立憲民主党をそう思考させている原因は、私が解説するまでもない。民主党の鳩山政権時代のトラウマである。

あのときの民主党は、対等な日米関係の実現を選挙公約に掲げ、鳩山氏も普天間基地の移設先は「最低でも県外」と発言し、二〇〇九年の総選挙で国民多数の支持を獲得した。日頃から不平等な日米関係に甘んじてきた日本人であったが、安保条約に手をつけるような恐れ多いことはできないにしても、普天間基地一つを沖縄以外に移すくらいのことは当然だと考えたのである。

ところが鳩山首相は、一年も経たないで県内移設に急展開する。その根拠となったのが「抑止力」であることは、まだほとんどの人が記憶しているはずだ。「日米同盟や近隣諸国との関係を考え、抑止力の観点から海外は難しいということになった」「学べば学ぶほど抑止力との思いに至った」というのが、鳩山氏の発言であった。

民主党はこの問題の経緯を検証していない。立憲民主党も同じだ。しかし、この問題の始まりである民主党政権の樹立を見れば分かるように、自民党に替わる政権を展望するためには、経済社会像とともに外交、安保・防衛問題でも対立軸が必要だということである。あの時、対立軸を立てて政権をとったけれども失敗したことから、民主党とその後継政党は対立軸を立てないことを教訓としたのだが、立憲民主党に必要なのは、なぜ失敗したかを真剣に検証し、失敗しない道筋を導き出すことだと思う。

一方、共産党の安保・防衛政策は現在、安保廃棄・自衛隊違憲解消となっていて、立憲とは完全に逆方向なので議論が成り立たない。だから共産党も野党共闘に自分の立場は持ち込まないとしている。その結果、自民党と変わらない立憲民主党の政策が、誰の批判も受けないまま維持されているのである。共産党が「核抑止抜きの専守防衛」を打ち出すことは、そこに転機をもたらすのではないか。

(2) 辺野古への新基地建設阻止の道筋が提起できる

鳩山政権は「行政の諸機構」からの圧力に屈した

立憲民主党は現在、辺野古への新基地建設阻止を政策として掲げている。鳩山政権で失敗した政策が再現されているのである。

それ自体は歓迎する。しかし、それが真剣なものならば、やはり鳩山政権の失敗を検証することが不可欠である。普天間基地の県外移設の公約を放棄し、辺野古での新基地建設に回帰する要因となった抑止力をどう考え、どう克服するかについて真剣な議論が必要だ。

鳩山氏は、県内移設への回帰にあたって、外務官僚などから「謀略文書」のようなものを見せられたことをはじめ、いろいろな妨害があったことを証言している。民主党の内部でも鳩山氏を支持する人は多くはなかったそうだ。日米同盟を維持することに利益を見いだしている人は、アメリカ政府周辺にも日本政府周辺にもたくさんいるから、そこに依存している官僚や政治家の圧力は、相当なものであっただろうことは推測できる。

しかし、それが日米関係の現実であり、いわば国体のようなものだと認めてしまっては、この現実は永遠に続くことになってしまう。どこかに日本の主権と独立を回復する道筋が存在するはずだ。共産党は民主党と異なり、アメリカの圧力とどう闘うかを何十年も模索してきただけに、たとえ政権を握ったとしても、日米安保条約に風穴を開けようとすれば、それに反対する「行政の諸機構」の変革が大事だと綱領で次のように指摘している。

「対日支配の存続に固執するアメリカの支配勢力の妨害の動きも、もちろん、軽視することはできない」「このたたかいは、政府の樹立をもって終わるものではない」「国の機構の全体を名実ともに掌握し、行政の諸機構が新しい国民的な諸政策の担い手となることが、重要な意義をもってくる」

野党連合が政権を握り、辺野古への新基地建設を阻止しようとした場合、鳩山政権時と同様の抵抗が予想される。立憲民主党がこの公約に真剣ならば、共産党の手を借りることが不可欠で、そのためにどういう共闘関係を築くのか、真剣な検討が求められるだろう。

圧力に屈した原因である抑止力信仰に替わるものが必要だ

鳩山氏が結局は「行政の諸機構」の圧力に屈したのはなぜだろうか。鳩山氏は、先ほど引用した談話で、「日米同盟や近隣諸国との関係を考え、抑止力の観点から海外は難しいということになった」と述べている。鳩山氏が言う「近隣諸国」とは中国や北朝鮮のことであろう。核保有国と対峙する日本にとって、アメリカの核兵器に頼る必要があり、そのためには普天間基地の県外移設はできないということなのである。

立憲民主党は、辺野古への新基地建設阻止を公約として掲げながら、アメリカの抑止力に依存することを堂々と認めている。鳩山政権では両立しなかったことを、立憲民主党ならどういう論理で両立させるのだろうか。何の説明もないままこんな公約を掲げて、再び国民を裏切ることにならないだろうか。

鳩山氏が失敗した原因は結局、アメリカの核抑止力なしに日本を守れるのか、守れないだろうと迫られた際、「いや、これで守れる」と堂々と提示できる対案を持っていなかったことに尽きる。国民多数はもちろんのこと、官僚や政治家の多数をも唸《うな》らせるような提案がなかったのだ。立憲民主党がそれを持たないままならば、同じことのくり返しである。私は、辺野古への新基地建設阻止の公約が真剣なものなら、立憲民主党は「核抑止抜きの専守防衛」も選択肢の一つとして検討すべきだと考える。

安倍元首相や維新の会などが「核の共有」の議論を提起した際、立憲の泉代表は、「とんでもない話。核は威嚇に使うことも、実際に使用されることも許されない兵器」だと批判したという（二〇二二年三月四日の記者会見）。立憲が政策に掲げる「抑止力の維持」とは、核を使うと威嚇することで成り立つ政策であって、泉氏が自分の党の安全保障政策を理解しているのか心配になるが、もしこの発言が真剣ならば「抑止力の維持」からの脱却を検討することも可能なのではないだろうか。自民党との対立軸を示さないのでは、公約の信頼性も欠如したままであろう。

もちろん、この日本で何十年も続いてきた政策の転換が容易でないことは、私だって理解できる。しかし、例えば小泉純一郎氏は、自分が掲げる郵政の民営化を実現するために、抵抗する官僚を批判し、抵抗する自民党議員には選挙で刺客候補まで立てることによって、当初のもくろみを達成することになった。辺野古への新基地建設阻止の公約は、それとは比べものにならないくらいの反撃にあうものだが、「抵抗勢力」を粉砕した小泉氏の何倍、何十倍もの覚悟をもってやるべきものなのである。

3　台湾有事に日本はどう臨むべきか

次に、台湾有事をどう捉え、どうアプローチすべきかを提示する。共産党はどう対応すべきか、他の野党には何を働きかけるべきかである。世論の関心がもっとも高いテーマだ。アメリカのインド・太平洋軍の司令官が二〇二一年春、中国が二七年までに台湾へ武力侵攻すると米議会で証言し、いっきょに現実味をもって受け取られるようになった。

この問題の基本的な状況はどうなっているか

この問題でのアメリカの対応の基本は、いわゆる「あいまい戦略」である。中国が武力侵攻した際に台湾防衛のために軍事力を発動するかどうか、あいまいにしておくというものである。一方、バイデン大統領がときに「当然、防衛する」と〝失言〟してみせるなど、真意はそちらにあると見る向きも多い。他方、ウクライナ戦争への対応を見ても、アメリカが核保有国との戦争に乗り出すのは現実味がなく、〝失言〟も勇ましさを見せるだけに終わると考える人も少なくない。

ただ、実際に有事が発生した際にアメリカ政府が軍事介入に踏み切る判断をするかどうかは別にして、軍事面での備えは怠らない点では政府も軍も一致するのがアメリカ流である。備えを万端にし、それを中国にも見せつけ、台湾に侵攻しても軍事的に失敗するぞと分からせれば、中国も侵攻をちゅうちょせざるを得ず、侵攻を抑止できると考えるわけだ。それに日本などの同盟国も動員できれば万全だということである。

アメリカは現在、中国の中距離ミサイルが日本やグアムなどの米軍基地を破壊する能力を獲得したとみて、それに対抗する戦略を構築しつつある。一つは、海兵隊の「遠征前方基地作戦」（EABO）と呼ばれる戦略に代表されるもので、固定化した巨大な基地はどうせ中国のミサイルに破壊されるのだから、そのような脆弱性《ぜいじゃくせい》を持つ基地に頼るのではなく、小規模な部隊を日本とアジア太平洋地域の第一列島線に分散して配置することにより、中国のふところに飛び込んで立ち向かっていくというものである。

もう一つは、まだ正式に決定されてはいないが、中国のミサイルに対抗し、アメリカがこの地域に核弾頭搭載可能な中距離ミサイルを配備するというものである。アメリカは一九八七年、ロシア（当時はソ連）との間で中距離核ミサイルを全廃する条約を結んだのだが、それ以降、条約の対象国でなかった中国が急速に中距離ミサイルを開発して配備し、アジアの米軍の脅威となってきたので、ロシアとの条約を廃棄してまでも開発を急いでいるのである。自衛隊も沖縄、奄美大島（鹿児島）などの南西諸島へのミサイル配備を進めており、その目的は沖縄などの防衛だとされているが、米中対立のなかでアメリカの対中戦略の一環として使われる危険が指摘されている。

誰もが危惧するように、このアメリカの戦略が発動される事態になれば、沖縄をはじめ日本全土が戦場となる。核の戦場となる可能性もある。日本政府は、そうならないように抑止力を強める立場だろうが、抑止は破綻することもあるのが現実である。だからこそアメリカはどの国よりも戦争してきたのであり、逆説的ではあるが、抑止が破綻したときには戦争に踏み切ってきた実績が、アメリカの抑止力の信頼性を構成しているとも言える。そして、台湾問題というのは、中国にとって多少の威嚇であきらめがつくものではなく、もっとも抑止が利《き》かないのであるから、このままでは永久に問題は解決しない。

責任と背景を視野に入れなければならない

この局面で、日本の平和運動で主流となっているのは、台湾有事を想定したアメリカによる在日米軍基地の強化や軍事演習の拡大に反対することである。アメリカの中距離ミサイルの配備についても、現時点で公表されたものではないが、すでに反対運動が開始されている。沖縄も本土も戦場になりかねないのだから、それが自然の流れではある。

しかし、政党が考えなければならないのは、日本を巻き込む台湾有事が現実のものになるとして、それに誰が責任があるのかを冷静に考え、リアルな解決策を提示することである。戦争の原因をすべて「アメリカ帝国主義」に帰する戦後の平和運動の常識を受け継いでいいのか、政党なら真剣に悩まなければならない。

もちろん、現在の複雑な中国・台湾問題が生まれた根本的な原因は、戦後のアメリカの政策にある。中国における内戦の結果を受け入れず、敗れた台湾の蔣介石《しょうかいせき》政権に中国の唯一の代表として国連の議席を与えるという、国際政治を歪《ゆが》める対応をしたアメリカの責任を曖昧《あいまい》にすることはできない。

けれども、いま現実に発生しうる台湾有事は、アメリカの武力行使によって開始される事態ではない。中国による台湾侵攻をきっかけに起きる事態なのだ。

中国は、いろいろな口実を用いるだろう。「中国は一つであり、台湾をどう扱うかは中国の内部問題」だとか、「台湾人民に武力行使するのではなく、外国と結びついた独立勢力に対してのみ武力は向けられる」などである。

　だが、大規模で組織的な人権侵害は一国内で発生しても国際問題だというのが、ナチスによるユダヤ人虐殺を経て形成された第二次大戦後の国際社会の共通の理解である。二三〇〇万人もが暮らす地域に対して武力を行使することは、どんな理屈を付けても国内問題ではない。

　また、独立勢力に対してなら武力行使が許されるという考え方も、国家の深刻な分裂を経験した中国で否応なく生まれてくるものだとは思うけれども、国際社会では通用しない。そんな言い分が通用するなら、イギリス政府はスコットランドの独立運動を、スペイン政府はカタロニアやバスクの独立運動を、カナダ政府はケベックの独立運動を、日本政府は沖縄の独立運動を、それぞれ武力で鎮圧してもいいということになる。一国内の独立問題は、あくまで平和的な話し合いで解決すべき問題なのである。

　台湾問題に関してアメリカは歴史的責任を免れないが、台湾有事は中国の武力行使によって開始され、アメリカはそれへの対応を余儀なくされる。日本共産党は、こうした問題の複雑な性格にふさわしい対応をしなければならない。平時では以下のような規範をつくることが大事である。

中国に武力解放方針の撤回を迫る

アメリカは、中国は一つであることを認め、台湾の独立を支持しない。台湾は独立に向かわない。中国は、問題の平和的解決に徹し、台湾に対して武力を行使しない――。台湾問題をめぐって、米中台がこのような規範を守れば、武力衝突は起こらない。いざというときに戦場になってしまう日本は、そういう合意を主導する資格があるから、そのための外交交渉を真剣に検討する必要がある。

ところで、アメリカと台湾は、本音はどうあれ、建前ではこの規範を認めている。一方、中国はそうではないことが問題である。平和的な解決が目標であることは認めるが、万が一の場合の武力解放方針は放棄していない。だから、この方針の撤回を中国に求めることが、現在の焦眉の課題だと言える。

一九七二年二月にアメリカのニクソン大統領が中国を訪問し、米中国交正常化への努力が開始されたが、正式に正常化するのは七九年一月までかかった。それだけ時間がかかった大きな要因は、アメリカが中国に対して台湾を武力解放する政策を放棄するよう求めたが、中国が首を縦に振らず、交渉が延々と続いたからである。最終的にアメリカは、中国を説得することをあきらめて正常化を決断することになる（佐橋亮『共存の模索』勁草書房）。

アメリカが求めた内容は当然のことだったが、アメリカは分断に歴史的責任があるから、中国を説得する役割を果たすことは無理だっただろう。しかし、日本は冷戦下でアメリカの台湾政策に従わざるを得なかったとはいえ、中国とは細々と経済関係を構築してきたし、日中の国交正常化もいち早く成し遂げたのだから、別の役割を果たすべきだ。

ましてや日本共産党は、国連の代表権は中華人民共和国にあるべきだと、一貫して主張しつづけてきた党である。アメリカと違ってやましいことは何もないのだから、中国に対して武力解放方針を捨てよと求めるのは当然だし、説得力もある。同じ「共産党」を名乗る中国の党が武力解放方針を持っているというだけで、日本の党のイメージまで否定的な影響を受けるのだから、それを払拭するためにも中国に対して声を上げ、行動することが不可欠でもある。

この地域の中距離核ミサイル配備問題でも、アメリカのミサイル配備だけを問題にするのではなく、中国のミサイルを含めた全廃政策を掲げるべきだろう。一九八七年の中距離核ミサイル全廃条約により欧州で中距離核ミサイルを撤去できたのも、米ソ双方のミサイルの撤廃を求めた世論と運動の反映であった。

それでも有事になればどうすべきか

平和的な解決のために努力しても、それが実らず台湾有事が起きる場合もあり得る。考えたくない事態だが、その際にどうするかの原則を持っておかないと、とっさの対応ができない。私は三つの原則で臨むべきだと考える（朝鮮半島有事の際も同じだと考えている）。

一つ。武力攻撃を受ける台湾の人々の側に立つべきである。その立場で、攻撃をしかけた中国を糾弾し、台湾の人々を全力で支援する側に回るべきである。先ほど述べたように、中国は内政問題であり干渉だと騒ぎ立てるだろうが、何万、何十万もの人々を傷つける可能性のある武力の行使は、何をどう弁解しても許されるものではなく、中国への批判と台湾の支援とにちゅうちょすべきではない。

二つ。日米安保条約第六条で極東有事の際のアメリカによる日本国内の基地使用を認めているが、あくまでアメリカの先制攻撃を許容するものではなく、台湾が最初に中国から武力攻撃を受けたときの対処に限るべきである。また、二〇一五年の新安保法制を廃止することを前提に、日本の軍事的支援は一九九九年の周辺事態法にもとづく後方支援が限度であることを明確にする。アメリカは、台湾有事に日本、イギリスなども巻き込もうとしているが、かつて中国を侵略し、植民地化した国が前面に出て中国軍と戦闘するようなことは、それを中国の人々に想像させるだけで憤激を巻き起こし、余計に紛争を長引かせる要因になる。その程度の簡単な理屈をアメリカに理解させないでどうするのだ。

三つ。抑止のためにアメリカがあれこれの軍事態勢をとることはあり得るにしても、抑止が破れて有事になった際には、アメリカの軍事行動には二つ目で述べたような協力をしないことも視野に置いておくべきだ（「協力しない」と言い切ってしまいたいが、そうすると「抑止」の役割を果たさないので慎重な言い方をしている）。自衛隊による協力はもちろん、在日米軍が日本を足場にして行動することについてもである。

アメリカもまた、現在はいろいろな軍事的準備を怠ってはいないが、実際にどう行動するかは、自国の国益を勘案しながら、そのときに慎重に判断するはずである。軍事面での準備が万全であったとしても、政治家が最終的な決定を行うのである。二〇一四年のロシアによるクリミアの併合をきっかけに、ＮＡＴＯは抑止力を向上させることを最重要課題としてきたが、二〇二二年のウクライナ侵攻に際しては武器を提供するに止めた。アメリカが参戦すれば世界規模の戦争になり、核戦争まで想定されるからであるが、現在の中国はロシアより軍事的にも経済的にも上回る力を持っているのであるから、戦争になったときのリスクの大きさはロシアの比ではない。

もしかしたらアメリカは、本土だけは戦場にならないよう、戦域を日本とグアムの周辺に止めるような判断をするかもしれない。中距離ミサイルを日本やアジアに配備しようとするのも、米本土からミサイルを撃ち込めば本土が報復に遭うことが明白なので、戦域を限定する意図からだ。アメリカがそんな判断をした場合も、日本はその判断に従うのか。違うだろう。この問題では、アメリカの国益と日本の国益が明確に異なる場合があることを前提にして、冷徹な判断をくださなければならないと思う。本章第1節で尖閣問題に言及した際、アメリカに頼ることなく、日本自身が防衛を行い、アメリカには停戦を仲介する役割を果たしてもらうと述べた。それとバーターするわけではないが、台湾問題では、日本が軍事協力しないことで、日本が仲介外交をすることも可能になるだろう。

4　政党と個人・市民団体のアプローチは異なる

共産党員やその周辺には市民運動家が多い。原水爆禁止運動や米軍基地撤去の闘いに何十年も献身してきた人々だ。そういう人々にとっては、日米安保も自衛隊も廃止が基本であり、妥協は許されないことなので、私のような立場は評判がよくない。とはいえ、意外に思われるかもしれないが、私の理想はそういう人々と同じだ。しかし、政権を取りに行くことで理想を実現する政党は、個人や市民団体とはアプローチの仕方が異なるのである。私の提案と共産党の綱領、軍隊のない世界という理想との関係の全体像は本書の終章で示すが、ここでは、そのアプローチの仕方の相違という問題に限定して書いておきたい。

（1）政党は信念の異なる国民全体のために働く

志位氏の自衛隊活用論は党員に評判が悪い（だから本書の私の立場も同じであろう）。とりわけ、自衛隊は共産党としては違憲だが、野党連合政権に参加した場合、政権としては合憲とするという表明は、きびしい批判にさらされている。私もこの使い分け方式は形式論としてはあり得ても、あまりにご都合主義的で、国民からは受け入れられないと思う。

しかし、志位氏がこういうことを言い始めた動機には、かなり理解できるところがある。志位氏は、党の一〇〇年の歴史のなかで、次の選挙で政権を取りに行くこと、そして自分が大臣になって自衛隊問題で国会で追及を受ける側になることを、リアルに考えた唯一の党首である。その立場で真剣に考えた場合、これまでの自衛隊論では通用しないことが分かったのである。志位氏を代弁する立場にはないが、解説してみよう。

政党の憲法論と個人の憲法論は異なって当然である

私が強調したいことは、志位氏が探求し、本書でも論じる対象になっているのは、政党の政策と理念だということである。個人や市民団体のものではないということだ。

政党が個人や市民団体と違うのは、国民多数の支持を得て、ゆくゆくは政権の獲得を視野に活動する存在だということである。そして、その国民の多数は、憲法九条が掲げる理念には何らかの共感を持っている一方で、専守防衛の自衛隊にもリスペクトを感じている。国民の意識自体が矛盾を抱えているのである。

個人や市民団体なら、自分（たち）の理念を優先し、自衛隊の即時廃止を求めるというアプローチで良い。「攻められたらどうするのだ」という問いに対して、「平和外交を貫けば大丈夫」とか「攻められても武力で反撃しないのが九条の尊い理念だ」と答えることは可能である。極端な話になるが、「命が奪われても構わないのか」と問われ、「九条の理念に殉ずる」という人もいる。九条の解釈にしても、文面を厳格に捉える方法でやっていくことだろう。

　しかし、それはそう信じている個人、市民団体の理念であって、国民多数はそう思っていない。攻められたときには自衛隊が何とかしてくれると思うから、創設以来、自衛隊をリスペクトする国民が増え続けているのである。「九条の理念に殉ずる」という考えも、個人の信念としては尊いものであるが、政府や政党がそれをやってしまうと、違う考え方の国民にまで特定の信念を押し付けることになる。

　そして、政党の仕事とは、そのようないろんな国民の考え方を尊重し、どう国政に反映させるかである。ましてや政権政党ともなれば、自分たちを支持する人だけではなく、支持しない人も含め国民全体を代表して仕事をするのである。政権をめざす政党ならば、九条を大事だと思っている国民のことも、侵略されたら自衛隊で反撃してほしいと願っている国民のことも大事にし、政策をつくり上げる必要があるのだ。

社会の現実を変えることで意識も変えるのが政党のアプローチだ

それは九条の理念を軽視するとか、蔑《ないがし》ろにするということではない。九条の理念をどうやって実現するか、その方法論の選択に属することである。

ある大切な理念があるとして、それを実現する方法にはどんなものがあるだろうか。その理念の大切さを国民に説き、理念が実現する社会をすぐにつくろうと呼びかけるのも、一つの選択肢ではある。「外交で中国や北朝鮮を変える」と公約して政権を取りに行けばいいと考える人もいるだろう。しかし、二〇〇四年に大江健三郎氏や井上ひさし氏らの呼びかけで、九条を守るという一点で協力し合う「九条の会」が結成されてこの二〇年間近く、日本の戦後史上かつてなく大規模に九条の理念が語られたけれども、あとで述べるように、世論調査では自衛隊に期待し、リスペクトする声が増え続けてきた。

なぜそうなるかといえば、理由は簡単だ。日本周辺で起きている問題が、国民の不安をかきたて、防衛力の必要性を自覚させるからに他ならない。中国や北朝鮮の脅威が過大に語られていることは否定しないが、中国の公船が尖閣諸島周辺の水域に連日進入していることも、北朝鮮が過去に日本人を拉致し、現在は核・ミサイル開発に邁進《まいしん》していることも、目の前で起きている現実である。北方領土や竹島を武力で奪われた状態も続いている。

国民の意識がこの現実から生まれているとすれば、いくら自衛隊は不要だと主張しても、それだけで国民の気持ちは変化しない。必要なのは他でもなく、現実そのものを変えることである。そして、政党が個人や市民団体と異なるのは、政権を獲得することによって外交を担い、他の国々に働きかける役割を果たせることだ。

共産主義の理念は軍事力のない世界だし、共産党はそれに加えて九条を大事にしているから、自衛隊が解消される日本を誰よりも念願しているのである。しかし、政権を担うことを考えれば、個人や市民団体とは異なるアプローチが求められてくる。その一つが、自衛隊の役割を認め、外交と防衛の双方の政策を提示するということだ。

自衛隊に良い印象を持ち、縮小さえ否定する国民意識の増大

先ほど、二〇〇四年に九条の会が誕生し、大規模に活動しても、国民世論は自衛隊を肯定する方向に動いたと述べた。それを数字で示しておこう。政府は一九六九年から二〇一八年まで三年毎《ごと》に、「自衛隊・防衛問題に関する世論調査」を行ってきたが、それを見るとリアルに分かってくる。その数字を見た上で、なぜそうなるのか、真剣に考えてみたい。

まず、「自衛隊に対する印象」の調査である。自衛隊に対して「良い印象を持っている」

「悪い印象は持っていない」（以上を「良い」とみなす）、「良い印象は持っていない」「悪い印象を持っている」（以上を「悪い」とみなす）という設問で聞いたものだ。これとは別に「わからない」という項目もある。調査開始の一九六九年の数字は、順番にいうと、二六・七%、四二・一%（「良い」の合計は六八・八%）、一〇・八%、三・四%（「悪い」の合計は一四・二%）、「わからない」が一七・一%であった。最初から自衛隊は良い印象を持たれており、それでも六割台後半にとどまっていたのだけれども、それ以降も「良い」は増えていき、七割を超えたのは七八年、八割を超えたのが九七年だった。

そして、九条の会が結成される前年（二〇〇三年）、「良い」の合計は八〇・三%だった。九七年からほぼ変化はなかった。ところが、九条の会が七年以上活動したあとの二〇一二年の調査では、なんと九割を超え、その後もほとんど変わらなかった。

次に「自衛隊の防衛体制」をどうするのかの設問である。「増強した方がよい」、「今の程度でよい」、「縮小した方がよい」、「わからない」を聞かれている。

ソ連崩壊直前の九一年はそれぞれ、七・七%、六二・一%、二〇・〇%、一〇・三%だった。現状維持以上（増強も含む）を望む国民が七割いたのだが、「縮小」の声も二割に達していた。それが、二〇〇三年（九条の会が結成される直前）調査では、それぞれ一五・八%、六一・八%、八・四%、一四・一%と、増強が倍加するが現状維持志向は変わらず、縮小は半減以下にまでなっていた。

では、最新の二〇一八年調査ではいったいどうなっているのだろうか。それぞれ二九・一%、六〇・一%、四・五%、六・二%である。九条の会がこれほどがんばったのに、増強はまたまた倍加し、縮小はさらに半減したのである。「廃止」は項目に入っていないが、四・五%よりかなり下であることは明らかだろう。

災害派遣だけでなく国の防衛を自衛隊に期待している

このような数字を紹介すると、調査の信憑性《しんぴょうせい》を問う声が出て来ると思う。「自衛隊への期待は災害派遣への期待であって、軍隊としてのものではない」とか、「危機を煽《あお》る政府の世論操作が影響している」というものである。

しかし、まず後者について言うと、この調査は三年毎に同じ設問で実施されてきたことに留意しなければならない。政府が危機を煽る傾向があることは否定しないが、調査の時期にあわせて三年毎にどの国かが事件を起こし、政府が危機を煽るようなことは不可能である。国民の自衛隊への印象が向上し、防衛体制の維持・強化を求める世論が増大し、自衛隊の縮小の世論が激減するのは、法則的なもののように見える。世論の変化は同じ方向を向き続けてきたのである。世論操作だけで説明することは難しい。

次に、国民は自衛隊の役割の何に期待しているかという問題だが、災害派遣への期待が大きいのは否定できない事実である。最新の調査（二〇一八年）でも、「自衛隊にどのような役割を期待するか」を聞いたところ（複数選択）、「災害派遣（災害の時の救援活動や緊急の患者輸送など）」を挙げた者の割合が七九・二％と最も高い。それ以前の調査でも八〇％を前後しており、一貫してトップの位置を占めている。

けれども、自衛隊に「国防」の役割を求める声が、それに次いで多いのも事実である。最新の調査では、「国の安全の確保（周辺海空域における安全確保、島嶼《とうしょ》部に対する攻撃への対応など）」が六〇・九％と二位に付けており、「弾道ミサイル攻撃への対応」も四〇・二％と四位である（三位は「国内の治安維持」で四九・八％）。なお、「国の安全の確保」の項目は、二〇世紀中は「国の安全の確保（外国からの侵略の防止）」とされ、現在の「国の安全の確保（周辺海空域における安全確保、島嶼部に対する攻撃への対応など）」とは異なっている。ソ連が崩壊して「外国からの侵略」の脅威が薄れ、中国との島嶼をめぐる紛争が現実味を増したことを考慮した変化であろう。

いずれにせよ、国民は自衛隊に対して、災害派遣と国防の両方の役割を期待しているということである。二〇一八年をもって調査が終了したと見られることは、国民の自衛隊に対する意識を心配しないで良くなったという政府の判断が働いているのだと思うが、もし現在調査を再開すれば、ウクライナ問題もあって、自衛隊に対して「国の安全の確保（外国からの侵略の防止）」の役割を求める声が急増することは間違いないだろう。

（2）政党がスッキリとした自衛隊違憲論をとれるケースは一つだけ

自衛隊合憲論の総理大臣のもとで違憲論者は閣僚になれない

以上のような国民世論の現実をふまえ、政権を取りに行くことで、ゆくゆくは自衛隊を解消するというアプローチに踏み切った場合、ただ自衛隊の役割を認めるだけでは十分ではない。何らかのかたちで自衛隊合憲論に舵を切ることが欠かせなくなる。

志位氏が、共産党としての自衛隊違憲論は変わらないが、党も加わる政権では合憲という立場をとると表明したことは、総選挙を前にして突然だったこともあり（第二章で紹介したように数年前から言っていたのだが、平時のことで誰も注目しなかった）、党内で大混乱を生じさせた。選挙後、意見書を出した党員や党支部もあると聞く。自衛隊が違憲か合憲かは、党員や護憲派にとってはこだわりがある原則的な問題だから、譲れない人が多数だ。合憲などと言うことなく、意見の違いとして留保して連立政権を組めばいいではないかと思うのだろう。そこを譲ると、凋落《ちょうらく》して党名も残らなかった社会党の末路が待っているというわけである。にもかかわらず、志位氏はなぜ自衛隊合憲論を述べざるを得なかったのか。

立憲民主党の党首などが首相を務める政権に共産党が一政党として加わる場合は、単純である。いわゆる「閣内不統一」の原則が適用されるからだ。

これは憲法で言うと第六六条三項からくる問題である。そこでは、「内閣は、行政権の行使について、国会に対し連帯して責任を負ふ」と書かれている。

内閣には「連帯責任」がある。内閣のなかで自衛隊が合憲か違憲か分かれていては、予算の作成や執行、法律の実施などの「行政権の行使」もバラバラになって「連帯責任」を果たせない。そんな内閣は無責任のそしりを免れず、内閣としてもたないのである。

だからこれまでも（最近はあまり聞かなくなったが）、大臣の問題発言などがあると、総理大臣がその大臣を罷免《ひめん》することによって、閣内の統一を図ってきたのである。そんなことにならないよう（不統一状態が生まれないよう）、総理大臣には大臣の任命権（罷免権も）が与えられ、連帯責任が保たれるようにしているわけだ。

つまり、立憲民主党が総理大臣を出して政権が発足し、共産党の大臣が誕生したとすれば、国会の初日から共産党の大臣に対しては、「お前は自衛隊を合憲だと考えるか違憲だと考えるか」と追及がなされる。そして、共産党の大臣が「違憲だ」と答えれば、その場で国会は止まり、閣内不統一が解消されるまで国会は開かれない。そして、共産党の大臣は罷免されることになる。

そうなることがすでに分かっているから、立憲の総理大臣は、最初から共産党員を閣僚に入れようとはしない。いや、そもそも以上のような問題があるから、共産党がこれまでの違憲論を堅持したままでは、共産党をふくむ政権は何の現実味もないので、協力して政権をつくる気持さえ起きてこない。そこをリアルに見なければならない。

「自衛隊は違憲だが世論が許さないので維持する」は立憲主義違反

では、共産党主導の政権、共産党が総理大臣を出すような政権では、そんな問題は起きないのだろうか。連立政権の場合も、連立を組むすべての党が自衛隊違憲論に立つような、そんな政権のことである。

その場合も、一つの例外を除き、政府としては自衛隊違憲論の立場はとれない。なぜか。

共産党員は、一〇〇年間ずっと野党だったから、「あれは違憲だ。これも違憲だ」と言うことに慣れている。しかし、政権政党が、自分が指揮監督する自衛隊を「違憲だ。けれども世論が成熟していないのですぐには解消しない」という立場はとれない。政府には厳格に憲法を守る義務があるのであって、そんな立場をとれば、立憲主義を踏みにじる政党、憲法違反に手を染めている政党として世論から糾弾され、政権の座に居続けることはできないからである。政府が自衛隊を違憲だとするなら、世論がどうあれ、自衛隊解消の措置に踏み込むことが不可欠となるのだ。

「自民党だって立憲主義を踏みにじっている」とか、「自民党も憲法違反の行為をしている」とか、共産党員がいろいろ言いたいことは分かる。しかし、それは野党がそう批判しているということであって、自民党自体はつねに「自分の行為は合憲だ」と言い張るのである。だから政権を担い続けられるのだ。

逆に見れば、政権政党というのは、口が裂けても、自分が違憲行為に手を染めているとは言えない。二〇〇四年、小泉純一郎首相（当時）がイラクへの自衛隊派兵問題で、戦闘地域に自衛隊が行けば憲法違反だとしつつ、「自衛隊が活動しているところが非戦闘地域」と屁理屈をこねて批判されたが、そう言うしかなかったのである。

自衛隊違憲論を貫ける例外はあるが、その道を進むべきではない

先ほど、例外が一つあると述べたが、唯一、共産党が、政権をとる以前でも、とりに行く過程でも、とったあとでも、自衛隊違憲論を貫ける道がある。自衛隊廃止のロードマップを総選挙で掲げ（段階的なものでもいい）、国民がそれに支持を与え、政権をとったら実際に廃止に踏み切るケースである。

自衛隊の縮小（廃止ではない）を望む国民が五％以下という国民世論の状況からして、現在そんな政策を訴えれば選挙では惨敗である。しかし、将来のことは分からない。何十年か何百年か先になり、中国や北朝鮮の態度が根底から平和的なものに変わって、日本国民の意識が自衛隊解消の方向へと劇的に変化する可能性も皆無ではないかもしれない。そこまで待って政権をとりに行けば、自衛隊の必要性を認めない純粋な護憲政党のままでいられるわけだから、党員の多数がそういう選択肢をとりたいなら私も否定しない。

けれども、その場合は、自民党が政権政党として外交・防衛を担っていても、やがて国民多数が自衛隊解消を望む日が来るということである。現実にあり得ないことだし、自民党に自衛隊解消につながる外交政策を期待することになる。そうなったら政権入りすると

いうのでは、共産党の存在意義が問われるだろう。政党ならば、自分で政権をとって日本周辺に平和で安定した環境をつくる道を選択すべきだと考える。

だから、もし共産党が政権の一角を担おうというなら、どんなかたちが望ましいかは別にして、必ずどこかに自衛隊合憲論を取り入れなければならない。私は、志位氏のように政権と党を使い分けるのではなく、政権をめざす政党としては合憲とし、党員個人は合憲でも違憲でも構わないという立場をとる。綱領も自衛隊が違憲か、合憲かを明示していないので、どちらの立場をとっても党員であることと矛盾しない。この点の詳細は終章を見ていただきたい。

このようなアプローチをとり、日本周辺の平和を安定的なものとすることで、そしてそういう日々が長く続くことで、ようやく日米安保条約を廃棄し、日本が完全に主権を取り戻す段階を迎えることが可能になる。さらには自衛隊の解消を現実政治の日程に上らせることが可能な日もやがてはやってくる。現在の共産党員の仕事は、将来の日本国民がそういう選択ができるよう、現時点での安保・自衛隊政策を徹底的に議論し、深めることではないだろうか。

第四章　国民との接点を広げるための三つの問題

第三章では安保・防衛に限定して書いてきたが、他にも、共産党が政権をめざす上で大事な問題があると考える。三つの問題に限って論じてみたい。

1 「人間の顔をした資本主義」を提唱する

「資本主義の枠内での民主的改革」が共産党の力点

一つは、どんな社会、どんな経済をめざすかである。そういうと、「当然、社会主義、共産主義だろう」と思われる方もいるだろう。逆に、「共産党はすでに社会民主党化していて、革命政党とは呼べない」と断定する方もいる。

共産党の綱領は、この問題について、「現在、日本社会が必要としている変革は」と問いを立て、その答えを「資本主義の枠内で可能な民主的改革である」としている。では、社会主義はどうなるのか。綱領は、「日本の社会発展の次の段階では、資本主義を乗り越え、社会主義・共産主義の社会への前進をはかる社会主義的変革が、課題となる」としている。つまり、社会主義を放棄してはいないが、現在は、資本主義の枠内で政策を打ち出し、国民の支持を得ようとしているわけだ。

一九六一年の綱領では、この関係を「二段階連続革命」と捉えていた。民主主義の段階から社会主義へは連続するのである。しかし、現在の綱領は、この「連続する」という見地を否定している。社会主義は、日本の社会がそれを必要とするようになった段階で現実的な問題になるのであって、連続するものではないし、ではどうなれば社会主義が現実の問題になってくるのかも書かれていない。その段階に生きている人が考えるということだろう。何世紀も先のことだという人もいる。

いずれにせよ、この六〇年間、共産党は国民に対して、資本主義の枠内での政策を訴えてきた。社会主義的な政策は採用しなかった。「安保・防衛などイデオロギーがかかわる問題と民主集中制以外、共産党は社会民主主義の党だ」と述べる人もいるが、それも間違いとまでは言いきれない。共産主義社会というのは本来、資本の利潤最優先で国民生活が犠牲にされる資本主義に対して、資本を社会で共有しようというものだが、党内では事実上、理論的な想定の問題であって、現実に達成すべき目標と受け止められてはいない。

私が政策委員会に在籍していた頃の話だが、選挙になると争点となっている問題で問い合わせがよくあり、それに答える仕事が増えた。ある日、質問に答えていると、問い合わせてきた人が共産党の支部長だとカミングアウトしたのだが、堂々と「共産主義社会などは怖くてめざすべきでない」という話をしていた。共産党員にとってさえ共産主義とは旧ソ連や中国のような独裁社会のことなのである。

それほど徹底しているからこそ、野党共闘の過程では、安保・防衛の問題は障害と意識されても、経済政策ではそんな話にならない。野党には財政均衡派の立憲民主党から積極財政派の国民民主党やれいわ新選組などまであるのだから、真剣に議論していけば、自民党との対抗軸を説得力あるものにすることは可能だ。現状では、安保・防衛政策の違いが障害になって経済政策についても真剣な議論ができないのは、本当に悲しいことだ。

野党としての「新しい資本主義」像が求められる

他の野党では果たせない役割が共産党にはある。他の野党にとっては、資本主義であることが前提というか、資本主義体制を維持することは疑うようなものではない。一方の共産党は、「資本主義の枠内で可能な民主的改革」という言葉が示すように、同じ資本主義でもいろいろな種類があると考えている。それが岸田政権との対抗軸を打ち出す上で不可欠になっていると思うのだ。

岸田政権が打ち出した「新しい資本主義」をめぐっては、何が新しいか分からないとか、当初は「分配」を強調していたのに最近は「成長」一本槍だとか、いろいろな批判が可能である。しかし、岸田氏が「新しい資本主義」を唱え、経団連がそれを支持している背景には、これまでの資本主義では日本の先が見えてこないという深刻な現実が横たわっていると思う。だから、野党の側もあれこれの経済政策を唱えるだけではなく、「新しい資本主義」像を打ち出すことが客観的に求められている現実があるのではないだろうか。そういう問題意識を持てるのは、野党では共産党だけであろう。

何が深刻なのか。それは、自民党が小泉政権以来進めた新自由主義はもちろん、それを修正したアベノミクスも、あるいは新自由主義以前の古いケインズ的な経済政策も、どれもが日本経済の危機を打開できなかったことである。自民党にはその克服の方途が見えていないからである。

二〇二〇年初春からのコロナ禍の中で、新自由主義がもたらした問題の大きさを、多くの人びとが実体験した。新自由主義は、人びとの命に直結する保健所をも縮小していたこと、非正規雇用を放置していては、最低限の暮らしさえ維持できない人びとを生み出すことも、私たちは理解することになった。この転換を政府与党ができないならば、野党が共闘して実現することを求める国民は少なくない。

しかし、では、新自由主義を放棄することは、所得の再分配などを重視するかつての経済政策に戻ることなのだろうか。もちろん、そういう視点も大事で、岸田氏が「分配」を口にしたのはそういう問題意識があるからだ。けれども、新自由主義が世界で広がったのは、それ以前の経済政策では資本主義が成長の軌道を描けなくなった現実の反映であった。新自由主義の前に戻るだけではダメなのだ。

アベノミクスは、そこを微修正した。財政出動を重視し、異次元の金融緩和を行い、円安をつくりだして、企業の利益を増やした。ゼロ金利などの手厚い支援策を講じ、企業が設備投資をしやすくした。しかし、日本の企業はその環境を利用し、技術革新をはかって企業の成長をめざすことには関心を示さず、もっぱら非正規雇用の拡大やＭ＆Ａなどで当座の収益を確保することに終始した。その結果、年率二％のインフレを実現することで賃金を上げるという政策は、ただのかけ声倒れに終わった。現在、インフレは昂進しているが、働く人々の賃金はまったく増えない。

本当に「新しい資本主義」が必要なのである。それは岸田政権にはできない。なぜなら、いま本当に求められる「新しい資本主義」とは、資本主義の枠内であっても、収益性（利潤）確保を何よりも優先する資本主義の原理に改革を加えるものになることが必要とされるからだ。

資本主義の原理の修正版。私はそれを「人間の顔をした資本主義」と名づける。

賃金を上げないと意味がないことは共通の理解

二〇二二年八月一〇日、「毎日新聞」（政治プレミア）に興味深い論考が掲載された。以下、引用する。

「必要なのは投資、なかでも人への投資をしっかりやることだ。新しい資本主義は賃金は企業にとって『コスト』という考え方はしない。

経営者は賃金を、固定費であり、コストであると考えているから、低く抑えようとする。人への分配とは投資だと考える必要がある。人へ投資すれば、賃金が上がる、スキルも上がる、モチベーションもあがる、生産性もあがる。下請け中小企業も含めた大多数の働く人への投資を増やしていく。『中間層の厚みを増やす』ということはそういうことだ。

我々は環境整備をする。だから企業はアニマル・スピリッツを持って踏み出してほしい。おカネはある。企業の現預金内部留保は世界一だ。要するに経営者のビジョンと覚悟だ。もし社長が任期中、大過なくすごしたいとだけ思っているとすれば、世界で勝てるわけがない。処方箋は極めて明快だ」

経営者が労働者の賃金を低く抑えることを批判し、賃金を上げろというのである。企業にはおカネがあり、内部留保は莫大なのだから、それは可能だというのである。要するに問題は経営者の覚悟だというのである。私も拍手喝采したくなった。

これを書いたのは、あの甘利明氏だ。自民党の元幹事長で、現在は、同党「新しい資本主義実行本部」の顧問をしている。「新しい資本主義」を成功させようと思えば、この方法しかないというのが甘利氏の立場である。

しかし、甘利氏にも自民党にも、この方法はとれない。この論考の前半で、甘利氏はアベノミクスで企業の利益が出たので、「（その利益を）下請け企業への支払額の改善、賃金上昇に回してくださいとお願いした」こと、けれども企業が「下請けをたたき続け、賃金も上げないデフレ経営」を続けたことを指摘している。企業に「お願い」する手法だけでは賃金は上がらないことは、すでに何十年もの間の体験なのに、甘利氏がやろうとしているのは「企業のアニマル・スピリッツ」に頼ることだけなのである。自民党の「新しい資本主義」は、失敗をくり返した過去の手法を続けるだけなのだ。

共産党も他の野党も、そうした手法の転換を第一にすべきだ。自民党のように賃上げを企業にお願いするというのではなく、国家目標として賃上げに取り組む政権をつくるのである。そうして最低賃金の欧米水準への大幅な引き上げ、派遣労働を専門的職種に制限することによる正規雇用の大幅な拡大などの政策を堂々と掲げ、働く人々の賃金上昇に真剣に取り組むべきだ。労働組合の連合や全労連（全国労働組合総連合）などとの協力関係が存在することを強みに変えて、経営者に大幅な賃上げを求める労働者の闘いを激励し、ともに全力を挙げるべきである。

　自民党の甘利氏でさえ、賃上げが大事だと述べているのだ。だから、成長云々《うんぬん》以前に賃上げの実現を求めて全力で闘うことに、何のちゅうちょをする必要もない。

　賃上げが実現すれば、賃金と連動している年金の支給額も増えるし、生活保護費を引き上げることへの抵抗も薄らぐ。何より税収が増えていく。賃上げによる経済成長を勝ち取ることと一体で、安心できる年金や社会保障への政策を打ち出せばいいのではないか。

シンクタンクを活用し、「失われた三〇年」の検証を

　もちろん、経営者の「スピリッツ」を求める手法も、否定すべきではない。そのために、財界筋のシンクタンクも活用してはどうだろうか。

経済政策をめぐって、共産党には不得意分野がある。大企業をどうしたら国民のために動かせるのかは政権をとった際の大事な課題なのであるが、大企業の役員などとの接点がほぼ皆無のために、政策をイメージすることができないのだ。いや、何かを強制する法律をつくるだけなら簡単なのだが、それで大企業が従うかどうかは分からない。

私が考えているのは、「失われた二〇年」の検証を行うことだ。それを企業系のシンクタンクに依頼し、協力し合って進めることである。

一九七〇年代頃までの話だが、共産党が政策・理論をつくっていく上で、担当の専従職員が担うだけではなく、多くの学者や会社員などが協力してくれていた。経済政策だけをとっても、「金融」とか「財政」とか「建設」など分野ごとに専門の部会があり、実際にその分野の大企業で働いていたり、理論研究を行っている一〇〇人ほどの人が、共産党の政策部門にアドバイスをしてくれていたのだ。いまでもそういう人はいるし、貴重な存在ではあるが、共産党員の学者の減少とともに、数はめっきりと減ってしまった。

しかも、政党の政策に求められるものが、より複雑化し、高度化しているという現実がある。党員だけに頼っていては、現実を切り開くような政策をつくるのは難しくなっている。私がやらなければならないと感じるのは、そのような分野については、党外の学者、シンクタンクにだって依頼すべきではないかということである。政策づくりを依頼するのが無理でも、事実関係に限定して調査研究を求めることだってあり得る。

この三〇年間、日本経済はほとんど成長しなかったし、働く人の給与も上がらなかったことが指摘されている。他の欧米諸国では賃金が上がっているのに、日本だけの特殊な現象である。成長も賃金上昇もなかったのは、ケインズ政策をとる自民党政権下であれ、新自由主義政権下であれ、アベノミクス下であれ、民主党政権下であれ、その共通した現象なのである。だからそこには、新自由主義がどうとかアベノミクスはどうとかとは違って、現在の日本資本主義の構造に根ざすような根本的な問題が横たわっているはずである。そこを探し出さない限り、経済の成長も働く人の生活向上もない。

資本主義というのは、企業が投資して技術革新を行い、それによって拡大再生産が達成されるシステムであるが、この三〇年間、日本の企業はその種の投資に熱心ではなくなった。せっかく政府が法人税を減税しても、短期的に利益が見込める事業を行ったり、非正規労働者を増やすなどして利益を増やしてきたのだ。アベノミクスは、それまでの新自由主義政策と異なり、そこをなんとか打開しようとして、金利を極端に安くして企業がおカネを借りやすくしたりしたが、それでも企業が投資活動を活発化させることはなかった。

一方で、企業の利潤率は、史上最高とも言える状況になっている。甘利氏も言うように内部留保も莫大な額に達している。どこかがおかしい。法人税減税やゼロ金利などで優遇されたため、そこに甘えて、企業本来の意欲を失っているのかもしれない。やはり、「人間の顔をした資本主義」をめざし、収益性（利潤）確保を何よりも優先する資本主義の原理に改革を加えるべきなのだ。

もし共産党がそこに問題意識があるなら、企業の投資行動を促すための施策について、企業系のシンクタンクに研究を依頼してはどうだろうか。その結果、大企業や財界との関係をつくることだって、将来の共産党にとって得策になるだろうし、国民が共産党を見る目線も変わってくるに違いない。

2 「左側の自民党」をめざすべきだ

共産党は「最左翼」であることに満足してはいけない

政党とは政権をとりにいくために存在している。そして、政権をとるためには、自分の政策を支持する国民を多数にすることが必要だが、共産党のように自分では正しいと思っている政策を一〇〇年間訴えているのに、いまだ政権に近づくことができない場合、別のアプローチを考えてみることも求められる。圧倒的多数を占める中間派や右派の考え方と思われているもののなかにも、じつは肯定的に評価すべきものがあり、そういう考えを持つ人々とも協力し合って政権をめざすアプローチである。

第二章で述べたように、共産党の綱領は、安保条約を廃棄する民主連合政権だけでなく、「さしあたって一致できる目標の範囲で統一戦線を形成し、統一戦線の政府をつくる」ことを肯定しているが、どんな問題でも「さしあたって一致できる目標」とは何かの探求が求められるのである。私が政策委員会で学んだのも、そのことであった。そもそも党の規約は、共産党のことを労働者階級の政党であるだけでなく、「国民の党」と位置づけている。以前は「民族の党」とまで言っていたこともある。現在の共産党は、みずからが最左翼であることに満足し、あるいはそれを誇っているように見えるが、政権をめざす政党としてはどうなのだろうか。

そして、よく考えてみれば、政権政党である自民党はそういうアプローチをしているのである。保守政党であるという確固とした立場は変わらないが、内部には党是に反して護憲の立場をとる人もいれば、社会民主主義と似たような考え方の人もいる。そういう多様性が、政権が危機に直面した際、自民党内の派閥争いによる政権の移譲を可能にし、他党に政権をゆずってこなかった秘訣である。現在の立憲民主党は、その成立の経緯もあって保守的な部分が見えてこないので、立憲と共産の共闘は左翼連合のように見えてしまう。立憲がそこをどう克服するのであれ、共産党は左側から自民党のようなアプローチができる政党となり、幅広い国民から支持されるようになるべきではないだろうか。

政権をとるためには大胆なアプローチも必要だ

私が共産党の政策委員会で働くようになったのは一九九四年のことだが、その年は翌年に戦後五〇年を迎えるということで、日本が第二次大戦中にアジア諸国に与えた被害をどうするかの議論が開始されていた。いわゆる戦後補償の問題である。九一年には韓国の女性が戦時中に日本軍の慰安婦となったことを明らかにして裁判も開始されており、日本人の多くは、どうやってそれを償うべきかに悩んでいたときであった。私が最初に命じられた仕事も、この問題での共産党の基本的な態度を明らかにした提言を起案することであり、それは「侵略戦争の反省のうえにたち、戦後補償問題のすみやかな解決を」（九四年九月六日）という名の提言として結実することになる。

私は当初、日本の侵略や植民地支配の被害を受けた人々が日本に補償を求めており、共産党は戦前、日本のそういう行為に命がけで反対した政党なのだから、アジア諸国の求めにどうやって応えるのかが提言の中心点になると考えていた。ところが、起案するにあたって宮本顕治議長（当時）から出された指示は、私の予想を大きく裏切るものであった。

その指示を一言で言えば、アジアからいろいろな要求が出されているが、共産党が政権をとったときのことを想定して対応を決めるべきであり、経済的にも政治的にもできないことを約束してはならないということであった。経済的にというのは、共産党が政権をとれば日本国民の暮らしと福祉のために多額の予算を費やすのであって、アジアへの補償のためにそれが不十分なものになってはいけないということである。政治的にというのは、共産党が政権をとっても、日本が外国と結んだ条約などに縛られるのであって、植民地支配後の両国の基本的な関係を律した一九六五年の日韓基本条約、日韓請求権協定の定めは尊重されなければならないということであった。共産党にとって大胆なアプローチだ。

最終的に公表した提言では、国外からの補償要求について、「あらゆる補償要求にたいして、すべて無制限にこたえ」るものではなく、「それぞれのケースごとに、その性格、国際法上の問題等を慎重に検討すべき」とした。その上で、従軍慰安婦の例をあげて、

「国家による人道的な犯罪にかかわる問題は、すみやかに必要な賠償をすべき」とした。これは、別の言葉で言えば、給与の未払いなどの経済的な損失については補償の対象としないことを意味していた。いま焦点となっている元徴用工への補償問題はこれに当たるだろう。この提言を適用すれば、請求権協定の範囲で解決すべきということになる。

妥協した解決策と本格的な解決策の両方を持つ

この提言の公表以降の推移を見ると、提言の内容と日本政治の動きは、それなりにリンクしてきた。慰安婦問題では、政府の肝いりで一九九五年にアジア女性基金がつくられ、元慰安婦の方々に首相の謝罪の手紙と「償い金」が渡されることで、多くの国では問題が解決に向かうことになった。韓国の元慰安婦も三割程度は受け取ることになったが、植民地支配の傷が障害となって解決には至らなかった。その現実をふまえ、二〇一五年の日韓両国政府の合意では、日本が全額を税金で支出する財団が韓国で設立され、いろいろな議論はあっても八割近くの元慰安婦が支援金を受け取ることになる。まだ全面解決には至っていないが、これまでの延長線上で追加的に何ができるかに焦点は移ってくるだろう。

ここ数年の焦点となってきたのは、いわゆる元徴用工の問題だ。なかなか出口の見えづらい問題だと思う。しかしこの問題では、日本企業に賠償を求めた韓国最高裁（大法院）の判決について、正確に捉えることが大事である。以下、判決の核心部分をよく見てほしい。

「本件で問題となる原告らの損害賠償請求権は当時の日本政府の韓半島に対する不法な植民支配および侵略戦争の遂行と直結した日本企業の反人道的不法行為を前提とする強制動員被害者の日本企業に対する賠償請求権である……。原告らは被告に対して未払い賃金や補償金を請求しているのではなく、上記のような慰謝料を請求しているのである」（傍点は引用者）

この問題では、政府も共産党を除く野党も、六五年の請求権協定で解決済みという立場である。それに対して共産党や元徴用工を支援する市民団体は、国家間で未払い賃金を含む請求権問題が解決されても、個人の請求権は消滅しないという論理で対抗している。しかし、判決が述べているように、「原告らは被告に対して未払い賃金や補償金を請求しているのではな」い。韓国の最高裁判決も、請求権協定で日本が支払った資金をもとに韓国で法律がつくられ、未払い賃金等の個人請求権は解決済みという立場なのだ。

では、判決が求めているのは何かというと、「当時の日本政府の韓半島に対する不法な植民支配および侵略戦争の遂行と直結した……慰謝料」である。朝鮮半島に対する日本の植民地支配が不法（違法）だったから、それに直結した当時の企業の行為にたいして慰謝料を請求しているのである。

けれども、よく知られているように、日本の植民地支配が違法か合法かは、日韓基本条約の締結過程で深刻な議論の対象となり、「もはや無効」という言葉であいまいな決着が図られた。日本だけではない。過去の植民地支配の違法性については、植民地支配の先輩である欧米諸国も認めておらず（支配下の犯罪行為は違法だと認められている）、まだ世界に通用する国際法上の考え方になっていない。

一つの国の裁判所が、いま通用している国際法に異議を唱えることはあり得るだろう。しかし、その国際法を変えるのは、裁判所の判決ではない。ある考え方が国際法となるには、諸国家の「法的確信」と諸国家の「慣行」が不可欠とされる。

それならば、過去の植民地支配が違法だったという前提で出された判決が受け入れられるために共産党がやるべきことは、そういう国際秩序の形成のために努力することである。そのためには、日本と欧米列強の思想を変えることが不可欠になるので、いつ終わるか分からない壮大な闘いになる。共産党は、野党連合政権では「元徴用工への未払い賃金等は解決済み」という立場をとりつつ、独自にそういう闘いに臨むべきだ。戦前、植民地支配に反対して闘った共産党にふわさしい活動であろう。

原告の元徴用工らとともにそういう闘いを起こすことは、元徴用工を励ますことにもなる。慰安婦問題がなかなか最終的な解決に至らないのも、その根底にあるのは植民地支配が違法とされないことへの韓国の人々の不満なのだから、共産党がそういう闘いを起こすことは、慰安婦問題の解決にも側面から資することになろう。

「改憲は悪で護憲は善」の単純なアプローチでは多数派を形成できない

改憲と護憲をめぐる問題も、ウィングの広がりが大事である。今後、国会による改憲の発議、国民投票へと動いていくことも予想されるので、実践的な問題でもある。

この問題での共産党の主張を見ると、改憲は悪で護憲は善という、二項対立的な捉え方が目に付く。改憲に反対するのだから当然だと言われるかもしれないが、国民世論を獲得するという点からすれば、そんな単純な話ではない。

そもそも共産党自体が、改憲問題ではかなり複雑な対応をしていた。一九八〇年代までは当面は九条の改憲に反対するとしながら、安保条約を廃棄したあとには、日本の主権と独立を確保する自衛のための措置が必要であり、九条の改憲もあり得るとしていたのだ。だからその当時、改憲は悪で護憲は善という単純な態度はとっていなかったはずだ。この問題を判断する基準としていたのは、日本が侵略されるのをどう阻止するか、逆に侵略する国になるのをどう防ぐかであった。その二つの目的に逆行するなら改憲に反対するし、目的に沿ったものなら賛成するという対応をしていた。そういう共産党が、改憲はただただ悪だという態度をとるなら、かつての言動との整合性のなさを責められるだけである。

　現在、国民の間でも、改憲か護憲かでは意見が分かれている。共産党は、「改憲されたら日本は海外で戦争する国になる。九条は日本が侵略する国にならない保証だ」と主張するが、では改憲に賛成している国民が海外で戦争したいと考えているかというと、そんなことはあり得ない。ロシアがウクライナを侵略する事態を目の前にして、日本が侵略されたときに、この憲法のままで大丈夫なのだろうかと不安になるのである。自衛隊が合憲か違憲かという争いがあるような状態では、自衛隊員も誇りをもって仕事ができないと思うから、自衛隊を憲法に明記するくらいは支持しようと思うのである。それなのに「改憲は戦争が目的だ」と単純な主張をすれば、「自分はそんなことなど毫《ごう》も考えていない。共産党は何を言っているのだ」と、かえって共産党に対する反発が強まるだけであろう。

そういう国民を説得するために、「自衛隊が憲法に明記されることで、いまはまだ制限されている集団的自衛権がフルスペックで認められることになり、海外で戦争する国になる」と対話することは大事である。しかし、それは「日本が侵略する国になる」という不安に対応するものであって、侵略されたらどうするという国民の不安に応えることにはならない。侵略されることに不安を持つ国民と共産党とのあいだで心が通じ合うような状況にならないと、この問題での対話は成立しない。九条改憲反対を主張する共産党が、自分よりももっと日本が侵略されたときの対応を真剣に考えていて、侵略と戦う自衛隊員の権利のことも誰よりも守ろうとしていることが伝わるときにはじめて、国民の多数も護憲の主張に耳を傾けてくれるのではないだろうか。

不得意分野の政策への党外シンクタンクの活用

先ほど、経済政策を打ち出すにあたり、財界系列のシンクタンクを活用することに言及したが、それは別の分野でも考えたほうがいい。例えば防衛政策である。共産党員とその周辺には軍事分野の専門家は存在しない。それなのに、この複雑な安全保障環境であるから、軍事面でも説得力のあることが言えないと、国民の理解を得るのも簡単ではない。

一つだけ事例を挙げると、現在浮上している「敵基地攻撃」論をどう批判するかという問題がある。核ミサイルで日本が攻撃された場合にどうするのかということだが、現在日本が保有するミサイル防衛システム（発射されたミサイルを途中で撃ち落とすシステム）では心もとないということで、発射基地そのものを攻撃しようという議論である。それに対して共産党は、憲法九条に違反するなどとして、平和主義の見地で批判を展開している。大事なことである。けれども例えば、中国の何千もの核ミサイルが発射される基地を攻撃して破壊するとして、一体どれほどのミサイルや衛星システムが必要で、それにはどの程度の費用がかかるのかなども、「敵基地攻撃」論を検討する上で大事な材料である。それならば、軍事面で能力が突出しているアメリカその他のシンクタンクにその研究を依頼することだって、真剣に考えればいいのではないか。

この作業を通じて、アメリカのシンクタンクと関係を築き、軍事や戦略に強くなることは、本書で提示した「核抑止抜きの専守防衛」などをアメリカに説得し、合意を得ていく上でも必要である。アメリカの政府当局者は、平和主義の訴えには耳を貸さないが、「この軍事戦略なら台湾問題にも合理的なアプローチになる」などの戦略論には関心を持つからである。

国民民主党、連合とは友好的な関係を

ウィングを広げるという点でも、とりわけ野党共闘を発展させるためにも、国民民主党と労働組合の全国組織である「連合」（立憲民主党や国民民主党の最大の支援組織）にどうアプローチするかが大事である。共産党は二一年八月の第六回中央委員会総会（「赤旗」八月二日付に決定された報告を掲載）で、「共闘破壊の妨害に対して野党がどういう姿勢をとるか」と問い、国民民主党と連合を批判しているが、果たしてそれでいいのだろうか。

この総会の報告では、連合について、会長が「共産党との連携はありえない」などの「野党共闘を妨害する発言を繰り返し」ているとして、「自民党など共闘破壊勢力への援軍」と位置づけた。国民民主党についても、「政府の当初予算案に賛成するなど事実上の与党となっている」、「自公政権の『補完勢力』」と性格づけをしている。

共産党がそう考えているというだけではない。この報告の核心は、見出しに「共闘破壊の妨害に対して野党がどういう姿勢をとるか」とあるように、共産党が野党共闘の相手として位置づける立憲民主党がとるべき態度を論じたものである。そして、立憲民主党に対して、「連合会長などによる野党共闘攻撃に対して、きっぱりと立ち向かう立場をとるべ

き」、「自公政権の『補完勢力』（引用者注：国民民主党のことである）とは、正面からたたかう立場に立つべき」と求めているのである。

連合会長が「共産党との連携はありえない」などと述べ、共産党を含む野党共闘に反対してきたのは事実である。国民民主党が与野党の間でふらついていることも誰もが知っている。共産党も阪神・淡路大震災のあとの政府の補正予算案に賛成したことはあるが、当初予算案に野党が賛成したことはなく、野党の資格が問われる問題でもある。

しかし、立憲民主党が期待しているのは、連合のバックアップのもとに、国民民主党を含めて政権共闘を実現することである。立憲民主党が共闘を希望している相手に「立ち向かえ」「たたかえ」というのでは、立憲民主党は立つ瀬がなくなってしまう。

しかも、国民民主党や連合が共産党を政権共闘の対象とみなさないと言っているのは、安保・防衛政策があまりにも異なるからである。それならば、共産党がまずやるべきは、本書の第三章で示したように、安保・防衛政策で「共通の土俵」をつくることではないのか。その努力をしても、次には別の口実をもうけて共闘を否定するならば、誰が共闘を妨害しているのか有権者も納得することだろう。

共産党の側に問題があれば率直に明らかにする

そういえば私は若い頃、社会党と共産党の共闘が崩れていく時代に、何とか共闘を維持しようとして努力した経験がある。政党間や労働組合運動の分野では共闘は八〇年代の早い時期になくなったのだが、八〇年代末まで唯一共闘関係が残っていたのが青年運動の分野であった。当時、世界青年学生祭典という国際イベントが何年かに一度開催され、日本からも社会党系の日本労働組合総評議会（総評）青年部、日本社会主義青年同盟（社青同）、中立労働組合連絡会議（中立労連。総評にも同盟にも属さない労組）、同じく中立系の日本青年団協議会（日青協）、共産党傘下の日本民主青年同盟（民青同盟）、全日本学生自治会総連合（全学連）などが統一した実行委員会（「一〇団体会議」と呼ばれていた）をつくって参加していたのである。

私は七〇年代末は全学連代表として、八〇年代末は民青同盟の代表として会議に参加し、政治的立場が異なる人と話し合う難しさとともに、それでも合意点を見いだすことへの面白さを感じていた。ところが、八〇年代末の統一のための協議過程で、共産党の宮本顕治議長（当時）から青年学生対策委員会（志位和夫氏が責任者）を通じて、合意が達成できない原因について道理のない指導があった。ソ連共産党のゴルバチョフ書記長が唱えた

「新しい政治思考（新思考）」に社青同が影響を受けていることが原因だから、それを批判する民青同盟の論文を公表し、「赤旗」に掲載せよというのである。

ゴルバチョフの「新しい政治思考」は、核廃絶や環境問題など全人類的な価値を優先させるというものだったが、日本共産党は当時、これは帝国主義との融和路線であって、社会変革に不可欠な階級闘争を軽視するものだと批判を強めていた。その共産党の考え方への評価は別にして、社青同はどちらかといえば階級闘争重視であって、社会党のように日米安保条約容認に舵を切ったわけでもなく、宮本氏の批判は当たらなかった。だから私は、宮本氏の意向を受けて党の統一戦線部門から指導を受ける会議に出たあと、「こういう指導は適切なのか」と青年学生対策委員会の事務局長に意見を述べたが、まったく取り合われることなく、しばらくして「赤旗」の一面トップに論文は掲載されることになる。

その直後の「一〇団体会議」では私は針のむしろである。いつも中立的な日青協や中立労連まで私を責め立ててくる。当然のことだ。しかし、私がその論文の誤りを認めるわけにもいかないので、会議の場では批判をつっぱねつつ、水面下で社青同と会談を行って合意にこぎつけるという、綱渡りの手法をとらざるを得なかった。危機的な局面を乗り越えて合意文書にサインしたときはホッとしたものである。その直後に開かれた民青同盟の大会で挨拶した共産党の上田耕一郎副委員長（当時）は、統一の合意を高く評価してくれた。

ところで、私はその大会で予定通り民青同盟を卒業したのだが、その後、「一〇団体会議」をめぐっては宮本議長からさらに強引な指導があり、結局、せっかくの合意は破綻することになった。いまから振り返ると、当時の宮本氏は、他の分野では独自路線が確立したのに、民青同盟が社会党と密接な団体と協力関係にあるということ自体を、かなりにがにがしく思っていたのだと感じる。

私は、その経緯に納得していなかったし、共産党は安保条約も含めて異なる考え方の人々との協力を模索すべきだと、その後も考え続けていた。だから、二〇一五年に共産党が野党共闘で政権をめざす方針を公表したとき、心から歓迎したのである。

野党が協力し合って政権をめざすためには、日本最大の労働組合組織である連合と共産党が正常な関係を持つことは不可欠である。両者が会談さえできない状態は不正常である。八〇年代の労働戦線の分裂に際して、私が体験した青年運動の分野であったような間違いが犯されたかどうか、私は何も知らない。一方、連合の側は共産党に対して、安全保障政策の違いとともに、労働戦線問題での共産党の役割を批判している。その経過や責任がどうあれ、連合と共産党は、せめて会談ができるような状態になるべきではないか。社共共闘が崩壊して四〇年余、共産党のなかには、他党やその傘下の団体との共闘経験者も数少なくなっているが、私はその種の共闘を切望し、努力した最後の世代として、連合の方々とも胸襟を開いて語り合えるはずである。

国会共闘、政策共闘、政権共闘の区別と関連に習熟する

二〇二二年秋の臨時国会で、立憲民主党と日本維新の会が共闘することを確認し、波紋を呼んだ。この問題は、政党の共闘にはいろいろな性格のものがあることを理解していれば、そう難しいものではない。

「政権共闘」というのは、基本政策が一致する上に、「この党とは連立を組む」という強い意志が求められるものであって、高い段階のものと言える。他方、野党の「国会共闘」は、政府与党を追い詰め譲歩を勝ち取るうえでは不可欠なものであって、どんなに政党間で理念や政策が異なっても、ドライに臨むべきものだ。「政策共闘」は、その中間段階のものであり、それを通じて政策的な一致や信頼関係が進化すれば「政権共闘」に発展することもあり得るし、そうならなければ「国会共闘」で終わることもある。これは九〇年代末、不破哲三委員長（当時）が明らかにした考え方である（「日本共産党の政権論について」、

「赤旗」九八年八月二五日付）。

だから、立憲と維新が共闘で合意したからというだけで、共産党がそれを肯定したり否定したりするべきではない。共産党にしても、維新を含む国会共闘には積極的になるべきだし、立憲と維新が合意した政策項目（旧統一教会による被害者救済、国会議員の四分の一以上の要請があれば二〇日以内の臨時国会の召集を義務づける国会法改正など六項目）にはほとんど賛成できるのだから、維新との政策共闘もあり得ることなのだ。これが共産党を含む政権共闘に発展することは現状では想像しづらいが、将来のことを固定的に考えるべきではない。「共闘」を通じて野党関係のいろいろなあり方を模索すべきであろう。

3　共産主義とは何かから日本共産党の名前を考える

党名についての議論は必要だ

私自身、共産党という党名とともに、この半世紀を生きてきた。戦前、日本で唯一侵略戦争反対を貫いた党の名前として、それなりの誇りを持っている。

また、共産党という党名を別のものに変えたところで、共産党に対する国民の認識がすぐに変化するとも思えない。メディアだって、新しい党名の後ろに（旧共産党）と説明書きをつけるだろうし、ソ連や中国が掲げてきた「共産主義」を信奉する政党だという解説を変えることもなかろう。立憲民主党を見ても、名前が変わったとはいえ、いつまでも民主党の後継政党だという扱いを受けているし、自身がそういう見方を否定する訳でもないどころか、イメージが良くないはずの「民主党」という略称を選挙の際に使いたがっている。要するに、名前を変えたところで、中身が同じならあまり意味はないということだ。

一方、私自身がこの党名にずっと感じている懸念は、共産党という言葉が、めざすべき「共産主義」という概念を正確にあらわしていないということである。共産主義というのは、いうまでもなくコミュニズムの日本語訳であるが、ではそれはどんなものなのか。共産党内では昔からコミューン（共同体）が語源だと説明されているように、この言葉を使ったマルクスの頭にあったのは、その種の社会のことであろう。

では、コミューンとは何かというと、英語のコモン（common）に当たるが、もともとはフランス語で「共通」、「共同」、「共有」などを意味する。そこから転じて、中世ヨーロッパでは、領主から「住民による自治を許された都市」を指していた。このことから、ヨーロッパの人が共産主義という言葉を聞いてイメージするのは、現代においては、資本の横暴に対して住民が協力しあって対抗するような社会、支え合う社会というようなものだろう。

ところが、この日本では、共産主義という言葉（訳語）からそんなイメージを持つ人は皆無だと思う。日本人の多くが信じているのは、「産」を「共」にすることから、財産共有社会ということだ。共産党の説明を聞いて納得している人も、「生産手段」（工場など）を資本家が所有する社会でなく、社会全体が所有するものという程度の認識にすぎない。しかし、もともとコミューンにはそんな意味はない。

日本でも室町時代から戦国時代にかけての大坂・堺などは、大名や武士の侵入から守られた、「自由・自治都市」として知られており、コミューンという言葉にふさわしい。ただし、そういう性格の都市を普遍的に言い表す日本語は生まれなかったようだし、その結果、外国から入ってきたコミューンという言葉が、その本来の意味にふさわしく訳されなかったということだろう。

けれども、そういう経過があるならなおのこと、めざすべき社会像をあらわす言葉を探求することは意味があると感じる。「共同党」「共生党」なども有力な選択肢である。全党的な討論の開始を期待するものである。その討論は、コミューンという言葉の意味を国民に伝えることになるので、実際に党名を変えるにせよ変えないにせよ、共産党に対する国民の理解を広げることにはなると思うのだ。

共産主義の目標は日本国憲法に結実している

ソ連の崩壊や中国の実態は、共産党という党名を使うことを困難にしているが、そもそも共産主義社会とは何かという問題を混迷させた。どういう社会になれば、それは資本主義ではなく、紛れもない社会主義だと言えるのか。

共産党の綱領は、「主要な生産手段の所有・管理・運営を社会の手に移す生産手段の社会化」こそ、社会主義の「中心」であるとする。そして、生産手段の社会化が成功すれば、「人間の生活を向上させ、社会から貧困をなくすとともに、労働時間の抜本的な短縮を可能にし、社会のすべての構成員の人間的発達を保障する土台をつくりだす」と描き出している。

しかし世界の現実を見れば、資本主義の世界でも人々の暮らしは向上し、貧困は減ってきたし、労働時間も短縮してきた。共産党が現在、「資本主義の枠内で可能な民主的改革」を掲げているのも、資本主義のままでもさらに暮らしを良くし、貧困を減らし、労働時間を短縮することができると確信しているからであろう。社会主義にならなければ実現できないもの、あるいは生産手段の社会化を実現しないとできないものとは、いったいどういうものなのだろうか。目の前にイメージできる社会主義が存在しない状況のもとで、どんなに社会主義は理想だと強調しても、国民が納得することにはならない。

　マルクスが社会主義をめざした原点は、資本主義の成立とともに国民が選挙権などの「政治的解放」を実現したけれども、資本家と労働者の関係は平等になることはなく、資本家が強大な力を持って労働者を支配し、搾取しているので、労働者の「人間的解放」が必要だということにあった。政治的平等とともに、社会的・経済的平等を勝ち取らなければならないとして、生産手段の社会化をテコとして社会主義を構想していくのである。

　要するに、生産手段の社会化は手段であって、あくまで目標ではなかった。目標とされたのは、「政治的解放」「政治的平等」とともに「人間的解放」「人間的・社会的平等」というものであった。現代風に「権利」という用語を使うとすると、人々が政治的な権利に満足するのでなく、社会的・経済的権利をも獲得しようとするものであった。

　マルクスは一八四八年に『共産党宣言』を著《あらわ》し、その年のドイツの革命運動に参加した当初、憲法に社会的な権利を規定することが、社会主義に向かう上で大切だと考えた。隣のフランスでも革命が起き、普通選挙（男子のみ）が実施されて成立した憲法制定議会が憲法草案に「労働の権利」を盛り込んだときは、ドイツでみずから発行していた「新ライン新聞」にその全文を掲載し、「プロレタリアートの革命的要求をまとめた最初の無器用な公式、*„droit au travail“* 労働の権利」と評価した。しかし、ブルジョアジーの反抗でこの権利が憲法から削除されるのを見て、「労働の権利は、ブルジョア的な意味では一つの背理であり、みじめな、かなわぬ願い」であるとして、憲法に権利を書き込むことではなく資本主義を倒すことに注力していく（大月書店『マルクス＝エンゲルス全集』第七巻、三九ページ）。

しかし、大事なことは、マルクスの死後、社会主義や社会民主主義の思想も含む世界の人々の努力の結果、その後の資本主義が覆い尽くしているこの世界でも、第一次大戦後にドイツでできたワイマール憲法から始まって、社会権は資本主義国でも憲法に規定され、人々の目標になってきたことである。国連が一九六六年、国際人権規約として「経済的、社会的及び文化的権利に関する国際規約」（A規約）と「市民的及び政治的権利に関する国際規約」（B規約）を採択したのは、それが世界的な規模で確認されたことの重要な一例である。マルクスが掲げた共産主義の目標、日本共産党綱領が生産手段の社会化を行って達成すべきだとしている社会主義の目標は、国連の目標になっているとも言えるのだ。

さらに大事なことは、日本国憲法は、政治的・市民的権利の分野でも経済的・社会的権利の分野でも、世界の憲法のなかで突出してすぐれた規定を持っているということである。もし日本国憲法に規定された権利が十全に達成される社会がくるなら、マルクスが目標とした社会と変わりがないと言えるのではないだろうか。それならば、わざわざ社会主義や共産党という言葉を使わずとも、共産党がめざしている社会を表現することも可能だということになる。

いや、「生産手段の社会化は憲法に書かれていない」という人もいるかもしれない。しかし、よく憲法を見てほしい。「私有財産は、正当な補償の下に、これを公共のために用ひることができる」（第二九条三項）とされているではないか。私有財産である生産手段も、人々の暮らしなどの「公共のために」、正当な補償があれば社会化できるのである。

「憲政党」も重要な選択肢である

つまり、マルクスのあれこれの言葉を使わずとも、共産主義がこれまで目標としてきたことを、日本で使われている言葉で言い表せるようになっているのだ。国民なら小学校から習う日本国憲法に表現されているのである。資本主義を当然だと考えている人も、日本国憲法の人権規定を徹底的に実現する立場に立つ人は、ある意味で共産主義者だとも言えるのだ。共産党の党名やめざすべき社会を議論する際には、そうした変化も考慮に入れるべきであろう。

それならば、日本国憲法の理想を政治に生かすという意味で、「憲政党」と呼称することも可能だろう。戦前にもそういう名前の党が存在したが、大日本帝国憲法下の党と日本国憲法下の党とは、本質的に違うものである。

この党名ならば、共産党員が堂々と支持を訴えられるし、マルクスや共産主義にこだわる党員も、「マルクスの思想が日本国憲法に結実したのだ」と納得できるのではないだろうか。マルクスを元祖とみなして引き続き研究の対象とする人がいてもいい。また同時に、マルクス主義を源流としつつも、その後のいろいろな思想、世界の人々の闘いをも引き継いだ政党だと言えるので、研究の幅も広がることになる。

共産党のなかでは、マルクス主義というのは、社会主義だけではなく、人類の豊かな価値ある思想をすべて受け継ぐのだと教えられる。そういう思想が日本国憲法に結実しているなら、「憲政党」は重要な選択肢ではないだろうか。

終章　共産党の安保・自衛隊・憲法論を深掘りする

本書では、共産党員が投票できる党首選挙の実施を共産党に求めるとともに、実現したあかつきには私が立候補することを表明し、その際に私が掲げる政策を安保・防衛問題を中心に書いてきた。ただし、党員向けには説明が足りないところがあると思う。共産党員になるには、「綱領」と「規約」を認める必要があるのだが、その綱領には私が述べてきたようなことは書いておらず、「お前は綱領に反しているのではないか」などの感想を持つ方もいると思うのだ。私としては、党首になることをめざしているのであるから、誰よりも党員に理解してもらうことが大事である。そこで、党員向けにさらに問題を深掘りするが、これは一般の読者が考えを深めるにも役立つのではないかと思っている。

1　私の提案は綱領と大会決議の枠内である

私の基本政策は三段階になることを想定している

まず、「核抑止抜きの専守防衛」という私の提案が、共産党の大会決議の枠内の政策であることを示したい。その上で、綱領にも合致することを述べたい。

ただ政策を提示するだけなら、誰がどんな内容で明らかにしてもいいだろうが、私が提示しようとするのは共産党のとるべき政策である。そして共産党の政策は、国民がそれを支持するかどうか以前に、党の綱領と合致していることが求められる。私が提示するものがたとえ国民が喝采するものであっても、綱領に反するとみなされれば、そもそも党首選挙に立候補する資格が疑われるのである。だから、その点をクリアーしておきたいのだ。

　私は本書の第三章で、安保も自衛隊も堅持しつつ、共産党として「核抑止抜きの専守防衛」を基本政策にすることを提唱した。その際、この政策で日本周辺に平和で安定した環境をつくることで、さらに次の段階に進むことを次のように述べている。

「日本周辺で平和と安定の環境がつくられ、国民多数も他の野党も『アメリカの通常兵器にも頼る必要がなくなった』と考えるようになれば、『日米安保抜きの専守防衛』の段階に進む。さらに、『軍事力そのものが不要だ』となれば、非武装の専守防衛に移行し、自衛隊の解消に向かうというものである」

　この段階的な政策的発展を分かりやすく示すと、以下のようになる。一つひとつの段階で政策を真剣に実施することにより、新しい政策を実施するための条件が生まれるので次の段階に移行する、というイメージである。括弧内はその段階における日米安保と自衛隊の存在である。

・第一段階——核抑止抜きの専守防衛〈日米安保と自衛隊〉
・第二段階——日米安保抜きの専守防衛〈自衛隊〉
・第三段階——非武装による専守防衛〈自衛隊も解消に向かう〉

大会決議は三段階論を採用している

安保・防衛の分野での共産党の現時点での基本政策は、安保条約を廃棄すること、および憲法違反の自衛隊を解消することだ。一般にはそう思われているし、共産党幹部もそのように発言することが多い。毎日発行される「赤旗」を見ても、安保や自衛隊を厳しく批判する記事が載ることはあっても、「こういうものなら当面は容認する」という見地の記事を目にすることは皆無である。

しかし、じつは共産党は、安保の廃棄に至らない段階を想定してきたし、自衛隊の解消についてはさらに先の課題だと捉えてきた。例えば、本書でも何回か言及している二〇〇〇年に開かれた第二二回大会の決議（一一月二四日採択）だけをみても、それは明らかだ。関連部分を引用してみよう。

「——第一段階は、日米安保条約廃棄前の段階である。ここでは、戦争法の発動や海外派兵の拡大など、九条のこれ以上の蹂躙《じゅうりん》を許さないことが、熱い焦点である。また世界でも軍縮の流れが当たり前になっている時代に、軍拡に終止符をうって軍縮に転じることも急務となっている。

――第二段階は、日米安保条約が廃棄され、日本が日米軍事同盟からぬけだした段階である。安保廃棄についての国民的合意が達成されることと、自衛隊解消の国民的合意とはおのずから別個の問題であり、自衛隊解消の国民的合意の成熟は、民主的政権のもとでの国民の体験をつうじて、形成されていくというのが、わが党の展望である。この段階では、自衛隊の民主的改革――米軍との従属的な関係の解消、公務員としての政治的中立性の徹底、大幅軍縮などが課題になる。

――第三段階は、国民の合意で、憲法九条の完全実施――自衛隊解消にとりくむ段階である。独立・中立の日本は、非同盟・中立の流れに参加し、世界やアジアの国々と、対等・平等・互恵の友好関係をきずき、日本の中立の地位の国際的な保障の確立に努力する。また憲法の平和原則にたった道理ある平和外交で、世界とアジアに貢献する。この努力ともあいまって、アジアの平和的安定の情勢が成熟すること、それを背景にして憲法九条の完全実施についての国民的合意が成熟することを見定めながら、自衛隊解消にむかっての本格的な措置にとりくむ」

私が提示した政策では、第一段階では日米安保と自衛隊が存在しており、第二段階では安保がなくなり、第三段階でようやく自衛隊も解消に向かうとしている。少なくとも安保と自衛隊をどんな順序でなくすかという点において、私の考え方と共産党の大会決定は同じだと理解してもらえると思う。

綱領の枠内の政策でもある

大会決定には合致していても、綱領はどうなのかと疑問を持つ方もいるかもしれない。そこで綱領の関連部分も引用しておこう。

「自衛隊については、海外派兵立法をやめ、軍縮の措置をとる。安保条約廃棄後のアジア情勢の新しい展開を踏まえつつ、国民の合意での憲法第九条の完全実施（自衛隊の解消）に向かっての前進をはかる」

この綱領規定は、先ほど引用した第二二回大会決議のあとにつくられた。だから当然のことだが、基本的に同じ考えに立っている。共産党のなかには、日米安保条約どころか自衛隊の即時廃止を求める人も少なくないが、そういう人と比べても、私が綱領や大会決議に忠実であることが分かってもらえるだろう。

私の立場が現在の共産党と異なるのはどこか。共産党は第一段階で安保や自衛隊の存在を認め、その活用も容認するが、それを基本政策とは位置づけないことだ。共産党の基本政策は、安保廃棄、自衛隊違憲解消なのである（ただちに実現を求めないとはいえ）。それに対して私は、安保と自衛隊の維持を前提にした「核抑止抜きの専守防衛」を基本政策としたいと考える。大会決議の第一段階を基本政策とはしないという考え方は、大会決議にも綱領にも明記されているわけではないので、私の提起が綱領、大会決議に反しているとまでは言えない。綱領の自衛隊論はじつはもっと豊かなものだが、詳細は第5節で論じる。

なお、共産党にとって「段階」とは、次の段階に自動的に進むのではなく、あくまで国民の意思をふまえなければ次には進めないという意味で使われる用語である。志位氏は、綱領に関する最近の解説書（『新・綱領教室（下）』）のなかで、第一段階で進められる野党共闘にふれて、「『共闘にとりくんだら、いつの間にか、日米安保条約の廃棄や社会主義にまで連れていかれた』ということには、決してしてはならない」と強調している。第一段階は、第二段階以降の添え物ではなく、独自の位置付け、重要性を有する段階なのである。第一段階で成功して「安保条約なしでやっていける」とならない限り、次の段階に進めないのだから、第二段階以降のことをいまあれこれ空想しても仕方がなく、本章で論じるのは第一段階のことが中心となっている。

2　私の提案は綱領の帝国主義規定の延長線上にある

「帝国主義」は共産党にとって特別の概念

以上述べてきたような第一段階における対応に関して、「核抑止抜きの専守防衛」を基本政策として位置付けることに党内の理解を得ようと思えば、アメリカに対する見方の問題を整理する必要がある。共産党流の用語で言えば、「アメリカ帝国主義論」に合致しているのかということになる。

日米安保条約も自衛隊も、軍事力という視点から見れば似たような要素があり、「非軍事」を基準に判断すると、双方を全否定するという接近が生まれがちだ。しかし、これまで見てきたように、共産党の綱領も大会決議も、安保条約の廃棄と自衛隊の解消を同時に実現するアプローチをとってこなかった。まずは安保廃棄が最初の課題となるのである。

そこには一方で、自衛隊は対米従属という性格を持っているにしても、その自衛隊を政府が統制することは可能だという確信が存在する。シビリアン・コントロールの対象として捉えるということだ。

他方、安保条約の運用に関しては、日本の主権が及ぶ領域は限定されている。しかも、安保条約はアメリカが日本を従属させるために押し付けてきたものであり、そのアメリカは軍事力で世界に覇権を及ぼす「帝国主義」であるというのが、現在の綱領の基本的な認識である。一九六一年に採択された古い綱領の規定では、アメリカ帝国主義は日本独占資本とともに「二つの敵」であるとされ、「打倒」の対象であるとされてきた。

レーニンが『帝国主義論』（一九一七年）を書いたことからも分かるように、共産党にとって「帝国主義」とは特別な概念である。そこには、軍事力によって世界を支配することを本質とし、物事を道理で解決するような志向はなく、外交交渉や話し合いの相手ではないという意味合いが含まれている。だからこそ共産党は、安保条約を日米交渉でなくすという手段ではなく、条約第一〇条に基づき、日本が一方的に安保条約の廃棄をアメリカに通告するという方針をとってきたという事情もある（第一〇条「この条約が十年間効力を存続した後は、いずれの締約国も、他方の締約国に対しこの条約を終了させる意思を通告することができ、その場合には、この条約は、そのような通告が行なわれた後一年で終了する」）。

そういう歴史的経過があるため、第一段階だけとはいえ日米安保条約との共存を基本政策とすることについて、六〇年安保闘争を闘った世代をはじめ長い党歴を持つ活動家ほど、私のようなアプローチに簡単には付いて行けないだろう。「核抑止抜きの専守防衛」のための交渉を呼びかけても、アメリカが応じるはずはないし、軍事力で政権がつぶされる可能性だって存在するということになる。本節では、これらの問題について検討してみよう。

綱領の「アメリカ帝国主義」規定には根拠がある

たしかに共産党の綱領は、アメリカを「帝国主義」と位置付けている。たとえば以下の箇所だ。

「なかでも、アメリカが、アメリカ一国の利益を世界平和の利益と国際秩序の上に置き、国連をも無視して他国にたいする先制攻撃戦略をもち、それを実行するなど、軍事的覇権主義に固執していることは、重大である。アメリカは、地球的規模で軍事基地をはりめぐらし、世界のどこにたいしても介入、攻撃する態勢を取り続けている。そこには、独占資本主義に特有の帝国主義的侵略性が、むきだしの形で現われている。これらの政策と行動は、諸国民の独立と自由の原則とも、国連憲章の諸原則とも両立できない、あからさまな覇権主義、帝国主義の政策と行動である。

いま、アメリカ帝国主義は、世界の平和と安全、諸国民の主権と独立にとって最大の脅威となっている」

この位置付けは、一九六一年綱領以来、ほぼ変化がない。六一年綱領は、日米安保条約改定反対の大闘争を通じて生まれた。また、六〇年代から七〇年代前半にかけて、アメリカはベトナムを侵略し、第二次大戦中に世界で落とされたのと同じ規模と言われる爆弾をベトナムの地に投下し、二〇〇万ものベトナムの人々の命を奪っていた。それと並行して、ソ連もまた、チェコスロバキア（六八年）やアフガニスタン（七九～八九年）を侵略するなど、アメリカと同様の行動をとっていたから、いまから思えば、ソ連をも「帝国主義」と位置付けるべきだったであろう。しかし、日本はベトナム戦争の出撃拠点とされるなど、アメリカの戦争にとって不可欠の役割を与えられていたから、アメリカだけを「帝国主義」として特別に位置づけるのは、日本で活動する党としてそれなりの根拠はあった。

現在の綱領の世界認識は六一年綱領とは違っている

しかし、日本の平和と安全という視点で周辺の情勢を見たとき、六一年綱領の当時とは大きな変化が見られるのも事実である。だから、二〇二〇年、二〇〇四年綱領の世界認識もかなり変わっており、六一年綱領と全く同じというわけではない。

一つは、六一年綱領では、社会主義国は「平和勢力」と規定されていた。社会主義国と民族解放勢力、そして資本主義国における運動という三大平和勢力が結束し、アメリカ帝国主義を包囲することで世界平和を達成するというのが、綱領の基本的な認識であった。

一方、現在の綱領は、名指しはしていないが、中国やロシアなどを原因として「世界の平和と進歩への逆流」が生まれているという立場に立っている。いまとなってはその程度では適切ではないと思うが、次のように批判の対象とはしている。

「いくつかの大国で強まっている大国主義・覇権主義は、世界の平和と進歩への逆流となっている。アメリカと他の台頭する大国との覇権争いが激化し、世界と地域に新たな緊張をつくりだしていることは、重大である」

中国やロシアは「大国主義・覇権主義」だというのである。中国やロシアを綱領で批判するようになったという点で、六一年綱領からは様変わりしている。世界の現実をそれなりにリアルに反映したものとして評価すべきであろう。

けれども、アメリカは「帝国主義」のままである。「大国主義・覇権主義」という規定とどこが異なるのか。もし、両者が本質的に異なるというなら、現実との齟齬《そご》がある。

日本周辺で起きる事態のことをリアルに考えてみれば分かることだ。日本の領土である北方領土（共産党の政策では千島列島すべて）を武力で奪っているのはロシアである。同じく尖閣諸島周辺の日本の領海に公船を頻繁に侵入させ、現状を力で変更しようとしているのが中国である。日本の平和と安全を直接に脅かしている相手なのだ。

一方、アメリカは、サンフランシスコ条約上は返還義務のなかった沖縄を返してくれたし、現在も武力で日本の領土を狙っているわけではない。それどころかアメリカは逆に、尖閣諸島が奪われそうになったら、日米の共同作戦を規定した日米安保条約第五条を尊重すると述べている。

そうは言っても、アメリカは日本のどこにでも治外法権の基地を置けるではないかと言われる。それには根拠がなくはないが、しかし例えば共産党主導の政権ができたとして、どこでもアメリカが自由に基地が置けるかというと、安保条約にそんな明文の定めがあるわけではない。

また、日本の平和をアメリカが脅かすとしたら、台湾有事などの際に日本を出撃拠点として利用することによって、あるいは自衛隊をも動員することによって、日本が戦場となることである。そういう事態はなんとしても回避しなければならないが、それとて第三章で書いたように、中国が台湾を武力解放しようとすることがなければ起こり得ない事態であり、日本にとって何よりも大事なのは台湾問題の平和的な解決に全力をあげることなのである。

それなのに、綱領において、アメリカと中国・ロシアを本質的に別のものとして扱うのは合理性に欠けると感じる。両方を「帝国主義」とするか、両方とも「大国主義・覇権主義」とするか、適切な対応が求められる。日本を従属させているという点ではアメリカは特別な地位にあるが、地域の平和という角度からみれば、アメリカと中国・ロシアに変わりはないということだ。

アメリカには帝国主義ではない側面も生まれている

このような主張をすると、「あなたの立場は綱領とは相容れない。だから党首選挙に立候補する資格がない」と言われるかもしれない。しかしじつは、二〇〇四年綱領以来、共産党にはそのような立場に転換する用意ができている。現綱領にも受け継がれていることだが、アメリカを「帝国主義」と位置付けつつも、外交交渉の相手として認める要素が生まれているという認識が表明されているのである。

まず、二〇〇四年の綱領改定の際、報告に立った不破氏は、帝国主義そのものの概念を変更するとした。ある国を「帝国主義」と呼ぶときは、「その国の政策と行動に、侵略性が体系的に現れているかどうかを基準にすべきだ」としたのである。レーニン以来、共産主義者の間では、資本主義が独占段階になれば帝国主義国だというのが常識だったから、大きな転換であった。また不破氏は、なぜそういう見地に立つのかについて、レーニンの時代と異なり、現在は、「独占資本主義の国ぐにに植民地政策を放棄させたり、独占資本主義体制のもとで帝国主義戦争を防止したりすることが可能になる」ような変化があるからだと説明したのである。

こうした転換を受けて、二〇二〇年に改定された綱領は、次のような規定を置いた。「軍事的覇権主義を本質としつつも、世界の構造変化のもとで、アメリカの行動に、国際問題を外交交渉によって解決するという側面が現われていることは、注目すべきである」

六一年綱領は、安保改定反対闘争から生まれたことが象徴するように、一言で言って「冷戦」の産物であった。アメリカが安保条約を改定して、日本をアメリカの戦争計画に巻き込み、ソ連などの社会主義、民族解放運動などの平和勢力に対抗しようとしているという世界認識が影響していた。そこには社会主義への間違った評価があったにしても、ある程度の根拠があったと思う。

一九八九年に冷戦の終焉が宣言された際、共産党は「冷戦は終わっていない」という主張を行い、それは公式には修正されていない。しかし、世界の現実のほうはどんどん変化していったので、共産党もそれに対応することを余儀なくされてきた。

最初の出来事は、九〇年にイラクがクウェートを侵略したとき、アメリカが国連安保理での合意づくりを重視したことである。安保理はまず、イラクの侵略を批判する決議を採択し、加盟国に憲章第五一条の個別的・集団的自衛権を行使してクウェートを助けるよう呼びかけた。在日米軍はこの決議に基づき湾岸地域に出動していったが、日本共産党はそれに反対しないという態度をとった。

さらに安保理は、イラクに対して憲章第七章の強制措置として軍事制裁することを決め、加盟国に対して武力の行使を授権し、多国籍軍が結成されて九一年に湾岸戦争が開始される。その際も共産党は、戦争に反対するのではなく、開始された戦争がイラクによる侵略の排除という目的を達成して早期に終了することを望むと表明することになる（この態度を取ることに常任幹部会の中に反対があり、三回も会議を開いたという）。

その後も、一九九九年のＮＡＴＯによるユーゴ空爆、二〇〇三年のイラク戦争など、安保理を無視したアメリカの軍事行動が止むことはなかった。そのイラク戦争直後の二〇〇四年に採択された日本共産党の綱領が、アメリカを引き続き「帝国主義」と位置づけたのは、歴史的経過からは自然なことだった。しかしその後もアメリカは、オバマ大統領の時代に「核兵器のない世界」を掲げたり（この時期の共産党は日本政府を「アメリカの言いなり」と決めつけることにちゅうちょする）、トランプ大統領の時代に北朝鮮との間で核問題での合意をつくろうとしたり、バイデン大統領になってもウクライナ危機で国連総会でのロシア批判決議のために努力するなど、国際社会の合意を重視する行動をとることもある。

他方、安保理での合意などはなから重視せず、勝手気ままに他国を侵略するという点では、現時点での典型はロシアである。どちらの国の行動も批判の対象であるが、片方は「帝国主義」だが他方はそうではないというのは、あまりに現実から遊離している。

それならば、外交交渉や話し合いが通じる要素が生まれているという現実、共産党綱領が指摘している現実を重視し、日本が「核抑止抜きの専守防衛」を政策にすることを表明して、アメリカと交渉するというアプローチも選択肢にすべきではないだろうか。第三章で詳述したように、それを達成できれば、日本の主権と独立に大きく前進できるのだから。

3 「自衛隊＝対米従属軍隊」論をめぐって

共産党内では、「自衛隊＝対米従属軍隊」論が支配的である。そして、アメリカが諸悪の根源なのだから、そのアメリカに従属する軍隊も同じく悪であるとされる。その結果、憲法九条の理想の実現ということとは別の角度から、自衛隊廃止論が補強されることになってきた。

しかし、六一年綱領にあった「自衛隊＝対米従属軍隊」論は、単純な自衛隊廃止論ではなかった。日本が安保条約を廃棄するような政権になれば、アメリカが日本の独立を犯すことを画策し、従属した自衛隊がそれに従うことが予想されるので、自衛隊は廃止し、独立を守るための新しい軍隊をつくろうとするものだったのだ。ところが、現在の「自衛隊＝対米従属軍隊」論には、そんな考え方はないようだ。自衛隊は廃止してもアメリカが日本の独立を犯すことはないだろう、だから軍隊は不要だという前提に立っている。それなのに「自衛隊＝対米従属軍隊」論者の多くは、一方ではアメリカを話し合いの相手ではない「帝国主義」とするのである。そういう理論的混乱を整理してみたい。

自衛隊にはアメリカの世界戦略を遂行するという要素がある

自衛隊には対米従属の軍隊という要素があることは否定できない。その要素がどの程度本質的なものかは別にして、そういう認識を抜きにして自衛隊問題に対応できないことは事実である。

そもそも、米軍が宇宙空間や地球上に張り巡らせている衛星その他の情報収集システムにより、米軍の情報量は圧倒的である。日本に限らずアメリカの同盟国は、自国軍の行動を決めるに際して、そのアメリカの情報に依拠して判断することになり、多少なりとも自主性を奪われた存在である。

しかも日本の場合、敗戦後のアメリカ占領下で旧軍隊がいったん解体され、自衛隊（最初は警察予備隊）は白紙の状態でつくられた。旧軍の伝統を持ち込もうとする動きはあったが、アメリカはこれをきらい、アメリカ流の軍隊をつくろうとした。アメリカの武器を与え、アメリカ式の訓練を施し、人的な関係もつくったのである。出発点から従属軍隊としての性格は免れなかった。

一九六〇年の新安保条約では、日米が「共通の危険に対処する」（第五条）として、いわゆる共同作戦条項が盛り込まれる。本書はその問題を論じるものではないので詳しいことは書かないが、その具体化として七八年に「日米防衛協力のための指針」が制定されて以降の歴史は、米軍と自衛隊の共同訓練がどんどん深まり、米軍なしに自衛隊の作戦は考えられないような関係になっていく。

そのアメリカは、日本が侵略されたときだけでなく、アジアの有事に自衛隊をどう動員するかを真剣に考えている。冷戦時につくられた「専守防衛」も、じつはアメリカの世界戦略と矛盾しないから許されたようなものであった。当時、世界のどこかで（例えば中東で）米ソが戦争を開始したとき、極東ソ連軍が日本周辺から中東に向かうことが想定されていた。日本の自衛隊はそのとき、宗谷・津軽・対馬の三海峡などでソ連の潜水艦を発見し、破壊する任務を与えられていた。そんなことをすれば極東ソ連軍が北海道から上陸することになるので、自衛隊は北海道に重点配置された。こうして、自衛隊はアメリカの戦略に組み入れられていたのだが、実際の自衛隊の活動範囲は日本の領土、領海、領空だったので、「専守防衛」と言い張れた面がある。

二〇一八年、自衛隊が地上配備型迎撃ミサイルシステム「イージス・アショア」を秋田と山口に配備する計画を公表し、どんどん前に進めたことがあった。軍事専門家が共通して述べていたことだが、なぜ秋田と山口かといえば、北朝鮮からハワイへ向かうミサイルは秋田上空で、グアムに向かうミサイルは山口上空で迎撃することを想定しているからと思われた。自衛隊がその種の任務を遂行する使命を帯びていることはあきらかである。

対米従属は政治の従属が生み出すので、政治を変えるのが筋道だ

では、自衛隊が対米従属の要素を抱えているとして、なぜそんなことになるのだろうか。どうすればそれを克服できるのであろうか。

大事なことは、自衛隊の対米従属というのは、政治の世界と離れて軍事の世界で生まれているものではないということである。もちろん、軍同士の関係が築き上げる従属関係も存在するが、本質的には日本の政治がアメリカに従属しているが故に、その現実にそって軍事の世界でも同様の現実が生まれるということである。

台湾有事で自衛隊がいろいろな役割を果たそうとしているのも、アメリカが日本政府にそれを求めるからである。冷戦時と異なり、それを「専守防衛」で説明することはできなかった。そこで政府は、現行の憲法解釈や現行法では無理なので、日本有事でなくてもアメリカの艦船が攻撃されたら自衛隊が反撃することが可能になるよう、集団的自衛権に関

する憲法解釈を改め、二〇一五年の新安保法制でそれを具体化したわけである。自衛隊は、そうやって政府によって新たな任務が与えられるので、その任務を遂行できるよう、どんな装備が必要かとか、どんな訓練をすべきかを考え、実施するのである。もちろん、法律が制定される前に、米軍との間でいろいろな協力関係が進行する実態はあるだろうけれども、法律抜きに実施することはできないのだ。

つまり、たしかに自衛隊には対米従属の軍隊という要素はある。しかしそれは、米軍と自衛隊の関係から自動的に生成されるものではなく、政治の実態から生まれてくるものだということだ。

そこからは、ではどうすべきかが見えてくる。いちばん大事なことは、対米従属の日本政治そのものを変えることである。あるいは、「核抑止抜きの専守防衛」を確立し、アメリカの戦略から相対的に自立した戦略を持つことである。その新しい戦略に沿って自衛隊を改革していくということである。

もちろん、自衛隊からそういう実態を取り除こうとしたら、昔の共産党が考えていたように、まず自衛隊を解体し、いちから新しい軍隊を創設するというやり方もあるだろう。しかし、自衛隊を廃止するなど無理なことは、すでに論じてきた。それならば、政治を変えることによって軍隊の従属も変えるという手段しかない。

先ほど、イージス・アショアの問題を論じたが、あれほど進行した計画が、二〇二〇年に河野太郎防衛大臣（当時）の鶴の一声で中止になったことを覚えている方もいるだろう。政治の決断というのはそれほど重いのだ。いくら対米従属の実態があるといっても、それを動かすことができるのである。ましてや、共産党が政権に入るとなれば、より説得力のある提起ができると思うのだが、どうだろうか。

自衛官も日本国民の命を優先に考えている

私が民青同盟や共産党の仕事をしていたとき、元自衛官という肩書きの人が組織の中にはいて、普通に会話することがあった。退職して「自衛隊を活かす会」の仕事をするようになると、元幕僚長とか元陸将などという方とも会う機会が増え、日常のお付き合いもするようになって、ずいぶん自衛官に関するイメージが変わることになる。

例えばある元陸将は、ちょうど陸上における日米共同演習が開始された一九八〇年代の直前、自衛隊に入って北海道の部隊に配属されたのだが、英語ができたため米軍との連絡役を任されるようになったそうだ。その元陸将は、自分ほど米軍に「ノー！」を言った人間はいないだろうと述懐していた。

なぜかと言えば、例えば図上演習をすると、米軍は、その地図上にどんなものがあるかを考えないで演習をしようとする。アメリカ本土で演習する場合は、そこに米国市民が住んでいるかどうかを基準にするのだが、外征部隊として日本にやってくるので、そんなことは考慮しないというのである。そこで日本側は、「その演習はダメだ、そこには住民がいるのだ」と拒否することになる。そういうことをくり返した経験を語ってくれた。

もちろん、個々の現場で米軍にノーを言うことと、自衛隊自体が米軍から自立しているかどうかは別の問題である。しかし、自衛官というのは、こうやって日本の国民の命をどう守るかを真剣に考えているのである。アメリカの戦略の一環として行動しなければならないこともあるだろうけれど、そこから離れるかどうかは政治の側が決めることであって、政治の決定に従うことが求められる自衛官の本質とは無縁なのである。

その元陸将が防衛大学校に在学中の一九七三年、札幌地方裁判所は、自衛隊違憲判決を下した。自分が一生の仕事として決めたものを憲法違反とされた衝撃の大きさはいかほどだったであろうか。同期の友人のなかには退学した人もいるという。

自衛官は任官に際して「服務の宣誓」を行うのだが、そこには「日本国憲法及び法令を遵守し」、「事に臨んでは危険を顧みず、身をもって責務の完遂に務め、もって国民の負託にこたえる」との一文がある。自分を否定した憲法を遵守する誓いを立て、危険を覚悟で任務を遂行するのが自衛官である。

そうした自衛官に対して、共産党が、「こういう防衛政策を遂行するから、是非、付いてきてほしい」というものを提示すべきではないか。それが提示できるなら、対米従属という要素は恐れるに足りないと、私は考えている。

4　共産主義の理想は非軍事だが政策は自衛である

最後に、自衛隊解消をめぐる理論問題について書いておく。現在の共産党を見て、一方では自衛隊は解消すると綱領に書いているのに、他方では自衛隊を活用すると言ってみたり、どうもチグハグだと思われる方も少なくない。下手をすると、軍事力のない世界を望む人からも、いやそんな世界はお花畑だと嘲笑う人からも、両方から共産党が嫌われることになるかもしれない。共産党員は、共産党のことを有権者に語るためにも、なぜ共産党がそんな矛盾だらけのように見えるのか、その真実を知っておく必要がある。

社会主義では「国家権力そのものが不必要になる」

まず強調しておきたいのは、共産党がめざす社会主義・共産主義とは、一切の戦争がない社会だということである。そもそも国家権力が不必要な社会なのだから、権力機構である軍隊も存在しない社会でもある。共産党の綱領はこれを次のように述べている。

「社会主義・共産主義の社会がさらに高度な発展をとげ、搾取や抑圧を知らない世代が多数を占めるようになったとき、原則としていっさいの強制のない、国家権力そのものが不必要になる社会、人間による人間の搾取もなく、抑圧も戦争もない、真に平等で自由な人間関係からなる共同社会への本格的な展望が開かれる」

社会主義では「国家権力そのものが不必要になる」ということは、科学的社会主義の本来の見地である。例えばエンゲルスは、『反デューリング論』（一八七八年）で次のように語っている。

「社会関係への国家権力の干渉は、一分野から一分野へとつぎつぎによけいなものになり、やがてひとりでに眠りこんでしまう。人にたいする統治に代わって、物の管理と生産過程の指揮とが現われる。国家は『廃止される』のではない。それは死滅するのである」（大

月書店『マルクス＝エンゲルス全集』第二〇巻、二八九〜二九〇ページ。傍点は原文）

国家が死滅するのであるから、国家が行う戦争もないし、軍隊も存在しないことは明白だ。そんな社会が共産党・共産主義の理想であることは、このことからも理解できる。

しかし一方で、綱領をいま一度読んでいただければ分かるが、社会主義・共産主義になればすぐにそうなると考えているわけではない。それが「さらに高度な発展をとげ、搾取や抑圧を知らない世代が多数を占めるようになったとき」なのである。国家権力（従って戦争や軍隊）がなくなるのは、社会主義が開始された時点よりもさらに先の時代であり、非常に時間のかかる過程だと捉えているわけだ。

これを逆に読むと何が分かるだろうか。共産党綱領は、資本主義が続く時代はもちろんのこと、社会主義になってもなお戦争は残ると考えているということである。実際、共産党の規約の第二条は、「終局の目標として、人間による人間の搾取もなく、抑圧も戦争もない、真に平等で自由な人間関係からなる共同社会の実現をめざす」と述べている。戦争のない社会は、民主連合政権でも社会主義になってもすぐに実現するものではなく、あくまで「終局の目標」なのである。

マルクスも侵略戦争は批判し、自衛戦争は支持する立場

政党の政策というのは、現実に存在している社会において、その社会を少しでも前向きに変えるために考えられるものである。そして、いまは戦争の絶えない資本主義であり、社会主義になってもなお戦争が予想されるとなれば、それを前提とした政策が求められることになる。国家権力が眠り込む遠い将来を想定した考え方を、目の前で必要な政策として採用することはできないのだ。

話は少し変わるが、共産党が憲法九条を将来にわたって堅持することを明確にした一九九〇年代後半、上田耕一郎副委員長が、マルクスやエンゲルスは九条に親和性のあるようなことを言っているのではないかとの問題意識を持たれた。そして、そういう視点で『全集』を再読したのだが、「何も出てこなかったよ」と笑っておられたのを記憶している（その成果は大月書店『戦争・憲法と常備軍』に発表）。私も当時、同じような試みをしたので、激しく同感した（大月書店『マルクスはどんな憲法をめざしたのか』）。マルクス、エンゲルスは、軍隊の廃止めいたことを口にしたことはないのだ。

それどころかマルクスは、プロイセンとフランスによる戦争（普仏戦争）が起きると、最初はフランスによる侵略戦争だとして、プロイセンを支持する側にたった。しかし、プ

ロイセンの反撃が自衛に止まることなく、フランス領内にまで攻め入るようになると、今度はフランスを支持する側に回った。

国家も権力もなくなる（従って戦争も軍隊もない）共産主義を展望するが、目の前の世界においては、侵略戦争は批判し、自衛戦争は支持する。これがマルクス、エンゲルスの態度だったのである。

もちろん、マルクス、エンゲルスの死後、二つの世界大戦が起こり、世界は武力の行使を禁止する方向に大きく転換した。マルクス主義の原理にも発展があって当然である。その発展は、世界の流れに沿ったものであるべきだ。しかし同時に、国家権力が死滅するときに権力を維持するための機構もなくなるというのも、マルクス主義の基本的な原理であって、そこに回答を与えない軍備廃止論はマルクス主義的には正統ではない。

憲法制定当時の共産党も侵略を批判し、自衛権は擁護した

日本の共産党も、大枠としてこの科学的社会主義の立場を受け継いできた。戦後史に限定して概略を見てみよう。

戦後の日本では、直ちに新しい憲法をどうするかが、政治の主要な課題となる。そのな

かで共産党は四六年六月、「日本人民共和国憲法草案」を発表した。そこでは、「すべての平和愛好諸国と緊密に協力し、民主主義的国際平和機構に参加し、どんな侵略戦争をも支持せず、またこれに参加しない」（第五条）として、侵略戦争を支持しないし、参加もしないことを明言している。軍隊の保有・非保有に関する規定は存在しないが、侵略戦争に参加しないというからには、自衛戦争を行う軍隊の保有は前提となっていたのであろう。

　共産党がこの憲法草案を公表した四六年、憲法制定議会が召集される。そこで共産党の野坂参三氏は、憲法九条に関して、「戦争一般放棄と云う形でなしに、我々は之《これ》を侵略戦争の放棄、こうするのがもっと的確ではないか」と吉田茂首相を追及している。これに対して吉田首相が、近年の戦争は自衛権の名で行われたのであって、そういうものを認めることはできないと答弁したことは有名であるが、いずれにせよ共産党の立場は、マルクスの伝統をそのまま受け継ぐものであった。

　ところが、憲法制定議会の議論の結果、現行憲法が制定されることになる。九条が誕生するわけだ。そして、吉田首相の流れを汲む自民党が自衛隊を創設し、必要最小限度の自衛力は憲法に違反しないという態度をとったのに対して、社会党が自衛隊は憲法違反だとして「非武装中立」を掲げる。こうした状況下で、共産党は、科学的社会主義の理論と憲法九条の狭間で、独自の立場をとることになった。

共産党の伝統的な政策は「中立自衛」であった

一九六〇年代から九〇年代前半までの長い間、共産党はみずからの防衛政策を、「中立自衛」政策と呼んでいた。社会党の「非武装中立」と「中立」という点では同じであり、これは安保条約を廃棄することによって、アメリカが戦争する場合に日本が巻き込まれるのを阻止するという立場を指していた。そこに一致点があったので、社会党とともに「民主連合政府」を樹立するというのが、当時の共産党の考え方であった。

一方、共産党は社会党と異なり、「非武装」という言葉は使わず、「自衛」だとしている。科学的社会主義の理論へのこだわりが感じられる。

他国との紛争問題を外交によって解決するために努力することは、誰であれ当然のことであるが、それでも侵略が起こりうるというのが世界の偽らざる現実である。そのなかで社会党の非武装の立場を貫いてしまうと、『非武装中立論』（日本社会党中央本部機関紙局）で石橋政嗣氏が述べたように、「警察力」で対応するのだが、「降伏した方がよい場合だってある」ということになってしまう。それに対して共産党は、憲法がどうあれ国家には自衛権はあるし、侵略されれば「あらゆる手段」で反撃するという立場であった。

「（自衛権は）自国および自国民にたいする不当な侵略や権利の侵害をとりのぞくため行使する正当防衛の権利で、国際法上もひろく認められ、すべての民族と国家がもっている当然の権利である」（「日本共産党の安全保障政策」、一九六八年）

「憲法第九条をふくむ現行憲法全体の大前提である国家の主権と独立、国民の生活と生存があやうくされたとき、可能なあらゆる手段を動員してたたかうことは、主権国家として当然のことであります」（『民主連合政府綱領についての日本共産党の提案』について」、一九七三年）

ただし、民主連合政府は、非武装を掲げる社会党との政権である。しかも社会党のほうが圧倒的に多数でもある。だから、憲法規定の上からも、「対米従属の軍隊」という共産党の綱領的な考え方からも、自衛隊は廃止することになっていた。しかし、国家が他国の侵略を排除し、独立するためには軍事力が不可欠だというのが、共産党のもともとの立場である。その結果、社会党との民主連合政府では、共産党がめざす「独立」の課題は達成されず、その後に軍事力を保有する「独立・民主の政府」をつくるというのが、当時の共産党の基本的な立ち位置だったのである。

なお、いろいろ難しい議論を紹介したが、社会党との民主連合政府の実現さえ簡単でないのに、軍事力の保有を前提としたその先の政府のことなど、現実の政治課題にはなり得なかった。共産党内部の通人の議論のようなものであった。また、自民党は当時から、今風に言えば集団的自衛権を行使できるようにするための憲法改正を狙っていたので、共産党の当面の政治課題は「憲法改悪阻止」に置かれていた。そのため、世論の多数は（党員の多くも）、共産党のことを護憲政党だと認識していた。

自衛隊活用論と自衛隊解消論の双方を理解してもらう新しい挑戦

中立自衛政策は、一九九四年になって大転換する。この年、共産党の歴史上はじめて、憲法九条を将来にわたって堅持する方針を打ち出したのである。

「憲法九条は、みずからのいっさいの軍備を禁止することで、戦争の放棄という理想を、極限にまでおしすすめたという点で、平和理念の具体化として、国際的にも先駆的な意義をもっている」「憲法九条にしるされたあらゆる戦力の放棄は、……社会主義・共産主義の理想と合致したものである」（第二〇回大会決議、九四年）

この評価はどうあれ、憲法九条を堅持するという新しい見地のもとでは、「侵略されたらどうする」という問題への回答も変わらざるを得ない。かつての社会党と同様、「警察力」で対処するのが基本だということになっていく。

「急迫不正の主権侵害にたいしては、警察力や自主的自警組織など憲法九条と矛盾しない自衛措置をとることが基本である」（同前）

ただし、九条を擁護するという立場は、その後も一貫して変わらないが、侵略に対してどう対処するかということでは、この立場は六年間で幕を閉じることになる。それが本書で紹介してきた第二二回大会（二〇〇〇年）が採択した自衛隊活用論なのである。

第二章で述べたように、私は、共産党が九条に関する新しい見地を確立した九四年、偶然にも共産党本部の政策委員会で勤務することになり、安全保障の分野を担当した。その当時もすでに党員の多数は、「自衛」という党の方針を好意的に見ておらず、いかなる軍事力も否定する立場に立っていた。しかし、国民多数のなかでは通用するものではなく、担当者である私は、有権者からの批判や質問に対して第二〇回大会の立場をくり返し説明はするが、納得してもらえるようなことはなく鬱々とした日々を過ごしていた。だから、第二二回大会の立場を歓迎したのだが、その後も長い間、この立場は党員の間でも議論されることもないし、ましてや国民に訴えられることもなかったのである。

二〇一五年の野党共闘による「国民連合政府」の提唱の結果、志位氏が第二二回大会決議の立場に回帰したことにより、ようやく自衛隊活用論と自衛隊解消論の双方を国民に理解してもらう努力ができることになった。これは新しい挑戦である。まだ党本部で仕事をしていたとき、不破氏に「自衛隊活用論に立った現在、以前の『中立自衛』政策を再び掲げるのはどうなのか」と聞いたことがある。不破氏の答えは、『中立自衛』政策は憲法改正を含意していたから、同じことは言えないね」というものだった。憲法九条を堅持するという方針を確立した現在、どうやって自衛隊活用論と自衛隊解消論とを両立させるのか、党員の創意工夫が求められていくことだろう。

5　自衛隊をめぐる憲法問題をどう乗り越えるか

最後の最後が憲法問題である。これが一番難しい。共産党が一貫して苦労してきた分野でもある。何が苦労かと言えば、憲法規定は守らなければならない（立憲主義）ということと、しかし同時に国民の命も守らなければならないということが、現時点では両立が簡単ではないからだ。

憲法前文は「平和を愛する諸国民の公正と信義に信頼して、われらの安全と生存を保持しようと決意した」と述べているが、これは他国を侵略する国がなくなるし、もし万が一侵略があったとしても国連が乗り出して排除するような時代がくることを想定し、だから九条でやっていこうと決意したことを意味している。そういう国際環境が実現していないのに、立憲主義と国民の命の双方を追求しようとすれば、憲法問題は必ず立ちはだかるカベのような存在なのだ。

そこを乗り越えるために、本書の第三章で、政党の憲法論は個人や市民団体の憲法論とは違うのだと強調した。それに加え、憲法問題での共産党の歴史的な苦悩をふまえ、言っておきたいことがある。

九条改定を考えていた時代に抱えていた矛盾

「中立自衛」政策の時代、共産党は、当面は「憲法改悪阻止」の課題に全力を挙げていたが、同時に将来は九条を改定することを考えていた。それは一九六八年に公表された前出の政策の次のような叙述からも明らかだ。

「（日本が）軍事的な意味でも、一定の自衛措置をとることを余儀なくされるような状況も生まれうる」「(したがって) 必要な自衛措置をとる問題についても、国民の総意にもとづいて、新しい内外情勢に即した憲法上のあつかいをきめることとなるであろう」(「日本共産党の安全保障政策」)

当時、現実の国際政治を見ても、アメリカがベトナムを侵略していた。日本がアメリカの対日支配から抜け出し、独立した主権国家となろうとしたとき、「帝国主義」であるアメリカが日本の独立を脅かすことはないのか。共産党がそういう懸念を持つのは当然であった。しかし、九条は「戦力」の保持を禁止しているので、侵略と戦う上での制約が加わる。共産党は憲法の平和主義を大切なものと考えていたが、その平和主義を貫く上で、以下のように九条が制約になると考えたのである。

「将来日本が名実ともに独立、中立の主権国家となったときに、第九条は、日本の独立と中立を守る自衛権の行使にあらかじめ大きな制約をくわえたものであり、憲法の恒久平和の原則をつらぬくうえでの制約ともなりうる」(「民主主義を発展させる日本共産党の立場」、新日本出版社『日本共産党と憲法問題』所収、一九七五年)

九条のままでは独立と平和が守れないと考えているのに、社会党との共闘で樹立するとされていた民主連合政府は、憲法を守り自衛隊の解消に向かうとされていた。それでは日本の独立と平和が脅かされることになる。しかも七九年末、ソ連がアフガニスタンに軍事介入したことによって、侵略する国はアメリカだけではないことが明らかになった。民主連合政府で自衛隊を解消してしまっていいのか、それで国民は納得するのかが問われたのである。

そこで共産党は、一九八〇年に出された政策（「八〇年代をきりひらく民主連合政府の当面の中心政策」）において、「（民主連合政府のもとで）独立国として自衛措置のあり方について国民的な検討と討論を開始する」とした。自衛隊がまだ存在しているうちに、自衛隊解消後の措置の「検討と討論を開始する」ことで、十分な自衛措置をとれない期間を最短化しようとしたのである。それは憲法改正なしには実現しないものである。「自衛」へのこだわりは半端ではなかったのだ。

政党と政権の使い分け論はアクロバティック

一九九四年、憲法九条を将来にわたって守り抜くと表明したことにより、九条をいつどのように改定するかを悩む必要はなくなった。しかし、それでは国の独立と国民の命に責任を持つことができないので、新たな矛盾を抱え込んでいるのが現在である。そして、二〇〇〇年に打ち出した自衛隊活用論が、ウクライナ戦争があぶり出した世界の現実のなかで復権しているのである。

けれどもそうすると、違憲の自衛隊活用を認めるのかという、新たな問題が生まれる。野党の間は自分が自衛隊を活用する主体になることはないので、ある意味で気楽に構えられたのだが、野党共闘で政権入りをめざすようになって、真剣に考えるべき問題になった。そして、共産党の大臣が国会で違憲・活用論で答弁することを想定すると、そんな立場は通用しないことが明らかになり、政党としては違憲だが政権としては合憲と表明したという経過を辿っている。

私は、そうした使い分けは国民の理解を得られないと考える。志位氏が大臣になったとして、自衛官に向かって君たちは憲法に合致した存在だとして激励するが、党内の会議では自衛隊は違憲だから解消せよという立場が、形式的には成立するにしても、国民の心に響くのかということである。

しかも、現在は共産党は野党であることが常識になっているので、政権の一角を担うようになった場合も、次の選挙では敗北してまた野党に戻ると思われているだろう。その際は、自衛隊合憲論はほんの少しの期間に必要とされる問題であって、共産党の基本的な見地は違憲論だとして押し通すこともできる。

しかし、民主連合政権が樹立され、何回かの選挙でずっと共産党が政権を担っていると想定してみよう。共産党への国民の信頼が広がってくるという夢のような時代のことだ。そうすると、選挙で共産党は自衛隊違憲論を主張するが、選挙後に成立する政権では自衛隊合憲の立場に立つという事態が、何年も何十年も続くことになる。選挙の結果、自衛隊合憲論を唱える政権を樹立することを想定しているのに、選挙では自衛隊違憲の政策を掲げ続けるなど、あまりにもアクロバティックで常識的にあり得ない。使い分け論は、野党共闘での政権入りを想定した咄嗟《とっさ》の策として生まれたが、現実の政治のことを考えると、ずっと通用するような性格のものではない。

自衛隊は九条と矛盾するが憲法の精神には合致している

私は次のような立場をとる。党首になることがあれば全党的な討議にかけたいし、立候補さえ許されないような場合でも、志位氏には検討を促したい。

「自衛隊が戦力の不保持を規定した憲法九条と矛盾することは明白である。しかし、日本が侵略されるならば、独立を犯され、九条を含む日本国憲法は存続できず、国民の命が奪われるおそれがある。憲法がそういう事態を許容していると考えることはできない。したがって、そのような事態を防ぐために必要最小限度の自衛力を保持することは、憲法全体の精神には合致している」

　これは共産党の過去の文献から一部をパクってきて、自分なりに修正を加えたものである。すでに紹介したものだが、七三年の「『民主連合政府綱領についての日本共産党の提案』について」に次のような記述がある。

「憲法第九条をふくむ現行憲法全体の大前提である国家の主権と独立、国民の生活と生存があやうくされたとき、可能なあらゆる手段を動員してたたかうことは、主権国家として当然のことであります」

　もちろん、九条だけから見たら、自衛隊は矛盾した存在である。そこまで立場を変える必要はない。政府もその矛盾を自覚しているから、「必要最小限度の防衛力なら合憲」などの抜け道を考え出したのである。しかし、日本が侵略されるということは、現行憲法全体の大前提が侵されることだ。憲法九条さえ存立できない可能性があるということなのである。それなのに、九条があるから九条を守るための自衛措置をとれないというのでは、論理が矛盾しているというより、論理が破綻しているではないか。

これを合憲、違憲という用語を使ってあらわせば、以下のようになる。前文と九条を含む憲法そのものに、かつ憲法の精神には合致していると思うが、いかがだろうか。

「専守防衛の自衛隊は憲法の精神には合致しており、合憲である（逆に専守防衛に反するものは違憲である）。しかし、九条との間で矛盾があることは明白なので、九条を完全実施する条件ができたときは、自衛隊は解消することになるだろう。完全実施する条件とは、憲法前文が想定している国連の集団安全保障が機能するようになったときなどである」

これが自衛隊の憲法問題をめぐる私の基本的な立場である。政権と党の使い分けをするのではなく、政党としては専守防衛の自衛隊は合憲という立場をとるのである。繰り返してきたように、これは政党としてのアプローチであって、個々の党員が自衛隊は九条に違反する（憲法全体の精神ではなく）と主張し、活動するのは問題ない。いわば政党と個人の使い分けである。

共産党綱領は自衛隊違憲論に立っていない

自衛隊違憲論は共産党の一貫した立場であり、それと異なる立場は許されないという人も出てくるだろう。党首には絶対にふさわしくないと批判されるかもしれない。

その批判は甘んじて受ける。けれども、私の立場は、少なくとも綱領に反してはいないことは理解してもらわないと困る。綱領には以下のように三か所で自衛隊論が出てくるが、活用論も明示されていない一方、違憲だと断定しているわけでもない。

「日本の自衛隊は、事実上アメリカ軍の掌握と指揮のもとにおかれており、アメリカの世界戦略の一翼を担わされている」

「軍事面でも、日本政府は、アメリカの戦争計画の一翼を担いながら、自衛隊の海外派兵の範囲と水準を一歩一歩拡大し、海外派兵を既成事実化するとともに、それをテコに有事立法や集団的自衛権行使への踏み込み、憲法改悪など、軍国主義復活の動きを推進する方向に立っている」

「自衛隊については、海外派兵立法をやめ、軍縮の措置をとる。安保条約廃棄後のアジア情勢の新しい展開を踏まえつつ、国民の合意での憲法第九条の完全実施（自衛隊の解消）に向かっての前進をはかる」

一つ目、二つ目に関して、私は、「核抑止抜きの専守防衛」を提唱した。それを実現することで、綱領が指摘する自衛隊、日米安保の問題点に改革を加えようとしている。

三つ目で、「憲法第九条の完全実施」のことを「自衛隊の解消」だと説明していることは、両者が矛盾しているという立場に立ったものである。しかし、違憲だと断定しているわけではない。同時に、注目してほしいのは、自衛隊を解消すると言い切っているのではなく、「(そこに)向かっての前進をはかる」としていることだ。ここは「民主連合政権」(いま焦点の野党連合政権ではなく共産党主導の政権である)の基本政策を述べた部分であるが、その段階でも自衛隊解消に向かって「前進する」にとどまるのである。すでに述べたように、科学的社会主義の理論的な把握では、軍事力の解消は社会主義・共産主義がさらに前進するときに実現するものであり、資本主義である「民主連合政権」では実現しない。そういう理論的な問題を意識した規定になっていると考えられる。

いずれにせよ、私の立場は、綱領と矛盾しないものである。しかも、自衛隊が違憲か合憲かにかかわらず、自衛隊解消への道筋は、綱領や大会決議の通りに進めようというのである。私の立場を批判するにせよ、支持するにせよ、そのことだけは忘れないでほしい。

なお、これまでは自衛隊のあれこれの装備などを取り上げて、「そこまで保有するのは違憲だ」という議論になってきたが、本章で書いてきたように、自衛隊に日本防衛以外の任務を与えるかどうかは、装備の問題というよりも(どんな装備でも日本防衛に役立つ機能はある)、政治の判断の問題である。だから、法制上、専守防衛に徹する自衛隊は合憲であり、そうでない自衛隊は違憲であるという整理になるだろう。野党連合政権ができたとすれば、二〇一五年の新安保法制の違憲部分を廃止すれば足りるということである。自衛隊の装備をどうするかという話は、憲法論とは別にして、日本の防衛のためにはどんな装備が必要かという観点で分析し、対処すればいい。

自衛隊違憲論が説得力を持てば持つほど改憲論議が加速する時代

自衛隊違憲論は、日本の戦後史のなかで大事な役割を果たした。それはいくら強調しても、し過ぎることはない。

戦後の日本は、アメリカのアジア戦略の拠点とされ、朝鮮戦争・ベトナム戦争からイラク戦争を経て現在に至るまで、アメリカが自由気ままに使える出撃基地であった。自衛隊が創設されて以降、アメリカは、自衛隊を自国の戦略に沿って使える部隊にしようとしてきた。六〇年の安保改定で米軍と自衛隊が共同作戦を遂行する道が開かれ、七八年の「日米防衛協力のための指針」によって極東有事に自衛隊が米軍に便宜供与を行うことが決まり、九七年の新「指針」では「周辺事態」で自衛隊が米軍に後方支援をすることが具体化され、二〇一五年の新安保法制で自衛隊は後方支援にとどまらず戦闘行動にまで乗り出すことになった。

こうして日本はいまでもアメリカとともに戦争をする国になっている。九条など変わらなくても、すでにそんな国なのだ。

それでも、アメリカがずっと「対日支配」していたにもかかわらず、ここまで七〇年以上かかったのは、護憲派が自衛隊違憲論を武器に闘ってきたからである。九条と自衛隊の間の明白な矛盾に対する厳しい批判が、対米軍事協力の障害となり、自衛隊に関するさまざまな歯止めをつくってきたのである。

しかし現在、自衛隊違憲論は、乗り越えなければならない大きなカベに直面しているように思える。何かと言えば、自衛隊違憲論が説得力を持てば持つほど改憲が加速するという構図が、現在の日本では生まれているからである。

自衛隊違憲論というのは、自衛隊が国民の命を守るために必要であっても、憲法上その存在は許されないという立場である。すでに述べたように、立憲主義とはそういうものであって、違憲論に立つ政府は、段階的にではあれ廃止まで行き着く措置をとらなければならない。ところが、国民多数は自衛隊を必要だと考えている。共産党までが活用論を唱えるぐらいだから、国民の不安は切実である。そういう気持を持っているときに、説得力のある自衛隊違憲論に接したら、国民はどう反応するだろうか。ましてや、自衛隊のことを憲法に明記することが議論されている時代である。この状態で国民が違憲論に納得した場合、「だから廃止しよう」という心の動きとはならずに、「だから合憲の存在にしよう」となるのは明らかだ。

しかも、単純な自衛隊違憲論は、専守防衛の自衛隊も海外で戦争する自衛隊も、いっしょくたに「違憲」と批判することである。現在、専守防衛から踏み出して、海外で戦争する自衛隊にするかしないかが焦点になっているときに、自衛隊違憲論を批判の中心においていては、有効な批判になっていかないのである。どんな自衛隊なら容認できるのか、どこから先はダメなのか、具体的な議論に入って行けないのである。「核抑止抜きの専守防衛」という提起にしても、「それも憲法違反だ」というのでは安全保障や自衛隊に関して創造的なアプローチを取ることは不可能になる。

個々の共産党員をはじめ、弁護士などが今後も展開する自衛隊違憲論は、引き続き大事な役割を果たすことだろう。同時に、共産党自身は、その自衛隊違憲論者をリスペクトしつつ、目の前にある日本と世界の現実を踏まえて、日本にふさわしい安全保障政策を探求すること、それを通じて将来的に軍事力のない世界を構想することに軸足を移すべきではないだろうか。そして、安全保障の見地から、自衛隊に対して具体的な批判、提言をすべきではないだろうか。それこそが、アメリカによる日本を足場とした国際法に違反する軍事行動を阻止する論理を形成することになるし、力による現状変更を企《たくら》む中国やロシアを批判し、牽制する共産党の姿を国民に理解してもらうことにもつながると確信する。

コスタリカの経験から学ぶべきは何なのか

そうは言っても、すでに軍隊のない国が存在するではないかという反論も寄せられるだろう。その代表格がコスタリカであり、コスタリカでできるのだから、日本でできないはずがないという反論である。

コスタリカの事例は、日本にとっても学ぶべきことがあると、私も思う。ただ、何を学ぶべきかといえば、軍隊をなくすという理想と、しかし軍隊が必要だという現実のなかで、日本と同様にもがき苦しみながら、戦争と犯罪を憎む平和国家として生きてきた姿である。

コスタリカの憲法は、護憲派がよく引用するように、「常設の軍隊（Army）を持たない」ことを明記している（第一二条）。日本とほぼ同じ規定である。そして、日本の自衛隊のような軍隊、つまり常設で大規模で、本格的な戦闘能力を有する軍隊を持っていない。

九条の理想を大切にする人が褒めるのは理解できる。

一方、前記の引用で「常設の（permanent）」とされているように、常備軍は持たないが、必要なときには軍事部隊（Military forces）を創設すると書かれている。「必要なとき」とはどんな場合か。二つあって、一つは、アメリカ大陸条約（continental agreement）が求める場合で、もう一つは、国家の防衛（national defense）の場合である。アメリカ大陸条約とは、米州機構（ＯＡＳ）といって、アメリカ大陸の平和と安全のために一九五一年につくられたもので、国連憲章の精神で全加盟国が参加する地域集団安全保障機構のことである（敵を想定した軍事同盟ではない）。二つ目の「国家の防衛」とはまさに侵略からの防衛のことである。つまり、コスタリカは常備軍は持たないが、侵略された際には軍隊で反撃するのである。

日本の憲法学界において戦後すぐ、侵略された場合、九条下でも「臨時の戦力」なら保有できるという議論が存在した。コスタリカ憲法が想定する事態と似ている。しかし日本の場合、学界内部からも異論が出たし、有事になってから慌てて軍隊をつくっても役に立たないという政治面、軍事面での議論もあり、立ち消えになった経緯がある。一方のコスタリカは、同じような議論を経て、憲法で「民衆軍（public force）」を設立することを定め、規模は小さいけれども常設している。そのことによって、いざというときに軍事部隊（Military forces）を創設しても慌てないでいいようにしているわけである。

こうやってコスタリカも戦争することを想定し、準備しているので、自国民が戦争犯罪を行った場合のことも想定している。憲法の規定ではないけれども、国家の命令で動員され、交戦中に戦争犯罪に手を染めた国民に対しては、懲役一〇年から二五年の量刑が科されるということである。死刑のない国なので、かなり重い罪という位置づけだ。

こうしてコスタリカは、日本と同様の憲法規定を持ちながら、侵略されたときに軍隊が必要であることを堂々と認めているのである。そして小規模ながら軍事組織を持ち、日々の訓練も欠かしていない。しかし、常備軍を否定する憲法の理想を前面に掲げることにより、軍隊の強大化は防いできたし、軍隊の戦争犯罪を裁く姿勢を明確にすることで、国際社会の信頼を得てきたわけだ。

一方の日本は、「必要最小限度なら戦力に当たらない」とごまかしながら、本格的な事実上の軍隊を持ってきた。さらに、それだけでは足りないとして、アメリカの核抑止力にすがってきた。しかも、「戦争はしない」ことを言い訳にして、戦争犯罪を裁く法制度の整備を怠ってきた。日本がコスタリカに学ばなければならないのは、ごまかしのない誠実な平和国家としての生き方ではないだろうか。

それでも九条を守るのにどんな意味があるのか

コスタリカに学ぶことがあるように、日本の憲法九条も、ただ理想として素晴らしいというだけでなく、現実世界で大きな役割を果たしてきた。それは専守防衛という思想を生み出したことだ。

正直に言えば、専守防衛というのは、国連憲章と国際法に定められた「自衛権の行使」とほぼ同じである。専守防衛とは、「相手から武力攻撃を受けたときにはじめて防衛力を行使し、その態様も自衛のための必要最小限にとどめ、また、保持する防衛力も自衛のための必要最小限のものに限る」(『防衛白書』など)というものだが、その冒頭は「武力攻撃が発生した場合」に自衛権を行使できるという国連憲章第五一条と同じである。「態様も自衛のための必要最小限にとどめ」るというのは、国際法上の自衛権の三要件の一つである「均衡性、相当性」(反撃は相手の攻撃に対してつり合ったものにする)に対応したものである。唯一、「保持する防衛力も自衛のための必要最小限のものに限る」だけは国際法に存在しない考え方であるが、専守防衛といっても国際情勢や相手の軍事力によって防衛力の限界は変わるとされてきたので、突飛な思想とまでは言えない。

　こうして国連憲章、国際法で「自衛権」が認められ、自衛権の要件も定められているのである。本来であれば、どの国も国連憲章、国際法を遵守することが義務なのだ。そして、もし世界中の国が自衛、専守防衛に徹する（侵略しない）なら、戦争は起きない。

　それなのに、世界では軍拡競争が続き、「均衡性、相当性」を超えて核兵器を使用するという抑止力論が幅を利かせてきた。他方、日本では専守防衛の思想が生まれ、国民多数が支持するところとなった。なぜそうなったかといえば、現実からかけ離れたものであるとはいえ九条が存在したことによって、防衛のあり方を国際法の基準に照らして厳格に考えることになったからである。

　現在、専守防衛から踏みだそうとする動きが強まっている。しかし、日本に求められるのは、まず専守防衛の思想を世界に広げることである。この思想が世界中に充ち満ちて、どの国もが専守防衛に徹する国になるにつれて、戦力の不保持という九条そのものの理想の実現に乗り出していくのである。政党とはそんな役割をもった存在である。

おわりに

「日本共産党」という、出版社から見れば読者数の限られるテーマの、しかも「党首公選」というさらに狭い角度からの本である。それを企画として採用してくれた文春新書の前島篤志編集長に、さらに、ともすれば党員向けの表現になりがちな原稿を一般読者にも通用するようにときびしく指摘してくれた編集部次長の熊谷未希さんに、心から感謝したい。

共産党が変わることが野党共闘を活性化させ、日本の政治をマシにすることにつながる。私が言いたいことはそれにつきる。そのために必要なことはすべて本文で書いたつもりである。

あとは、その私の気持ちが読者、共産党員に伝わるのか、それだけだ。「まな板の上の鯉」とはこういう心境を指すのだろうか。捌《さば》かれてただ生命が尽きて終わるのか、食した人に感謝されて共産党が変わることで日本の政治が新しい段階に向かえるのか。二〇二四年一月の共産党大会に参加する代議員の大半が党首公選を求めることになるのか。その結末を心静かに見届けたい。

――と、ここまで書いてきたところで、追加的に書くべき問題が生じた。二二年一〇月に開かれた中国共産党の大会のことである。

この大会では、全国から選ばれた代議員が一六日から七日間にわたって議論を繰り広げ、二二日に中央委員会を選出して閉幕した。そして翌二三日、大会で選ばれた中央委員の全体会議があり、新たな党指導部が選ばれた。

中国共産党はこの二〇年間ほど、毛沢東独裁を招いた教訓をふまえ、中央委員は六八歳で定年、総書記は二期で終わるなどの慣例を守ってきたが、その慣例を破って、習近平氏が六九歳で三期目の総書記に選ばれ、メディアがいっせいに「独裁体制が強まる」と報じたことは記憶に新しい。それは日本共産党の「赤旗」も同じだ。翌日の「赤旗」は、「習体制　異例の三期目」「権力集中さらに」という見出しで報じている。

注目してほしいのは、中国の党首選出システムである。長期間の大会を開いて方針を議論し、最終日に中央委員を選出する。その中央委員会の最初の会議で党首などの指導部を選出する。これが日本共産党のシステムと同じであることは、本書をお読みになった方には説明不要であろう。

日本共産党はこれまで、ソ連のスターリンや中国の毛沢東の独裁を生み出したのは、そういう独裁者が党大会を開催するなどの民主集中制のルールを守らず、個人の専断で党を運営したからだと主張してきた。しかし、中国共産党の現実が示しているのは、大会を定期的に開催し、大会で選ばれた中央委員会が党首を選ぶという、民主集中制のルールを厳格に守っても、「赤旗」が報じるような「権力集中」が生まれるということである。志位委員長は、党創立一〇〇周年を記念した講演で、自民党の大会が二時間程度で終わるもので、とうてい「自由」や「民主」とは言えないと批判しているが、中国のように一週間の大会を開いても、独裁は独裁のままなのである。

もちろん、党首選出システムが同じだからといって、日本の場合も「権力集中」が必ず生じるとまでは言えないかもしれない。しかし同時に、現在の党首選出システムだけが民主的であり、未来永劫守らなければならないものだとも言えないはずだ。

それならば、本書で述べてきたように、共産党内の異論の存在やそれを克服する意思決定過程をオープンにするためにも、党首の公選を行うことは重要な選択肢になるのではないだろうか。是非、共産党指導部には真剣な検討をお願いしたい。

松竹伸幸（まつたけ　のぶゆき）

1955年長崎県生まれ。一橋大学社会学部卒業。ジャーナリスト・編集者。かもがわ出版編集主幹、日本平和学会会員、「自衛隊を活かす会」（代表・柳澤協二）事務局長。専門は外交・安全保障。『反戦の世界史』（新日本出版社）、『９条が世界を変える』（かもがわ出版）、『レーニン最後の模索』（大月書店）、『憲法九条の軍事戦略』『対米従属の謎』（平凡社新書）、『慰安婦問題をこれで終わらせる。』（小学館）『改憲的護憲論』（集英社新書）、『「異論の共存」戦略』（晶文社）など著書多数。

文春新書

1396

シン・日本共産党宣言《にほんきようさんとうせんげん》
ヒラ党員《とういん》が党首公選《とうしゆこうせん》を求《もと》め立候補《りつこうほ》する理由《りゆう》

2023年1月20日　第1刷発行
2024年5月30日　第3刷発行

著　者　　松竹伸幸
発行者　　大松芳男
発行所　　株式会社　文藝春秋

〒102-8008　東京都千代田区紀尾井町3-23
電話（03）3265-1211（代表）

印刷所　　理想社
付物印刷　大日本印刷
製本所　　大口製本

定価はカバーに表示してあります。
万一、落丁・乱丁の場合は小社製作部宛お送り下さい。
送料小社負担でお取替え致します。

ISBN978-4-16-661396-0